深水基础超长钢板桩围堰理论研究与应用

王　峰等　著

中国铁道出版社

2012·北　京

图书在版编目(CIP)数据

深水基础超长钢板桩围堰理论研究与应用/王峰等著. —北京:中国铁道出版社,2012.2
ISBN 978-7-113-14235-3

Ⅰ. ①深… Ⅱ. ①王… Ⅲ. ①桥梁基础:深基础—钢板桩—板桩围堰—研究 Ⅳ. ①U445.55

中国版本图书馆 CIP 数据核字(2012)第 021335 号

书　　名:深水基础超长钢板桩围堰理论研究与应用
作　　者:王　峰 等

责任编辑:徐　艳　陈小刚　　**电话**:010-63549495　　**电子邮箱**:cxgsuccess@163.com
封面设计:崔丽芳
责任印制:陆　宁

出版发行:中国铁道出版社(100054,北京市西城区右安门西街 8 号)
网　　址:http://www.tdpress.com
印　　刷:北京市精彩雅恒印刷有限公司
版　　次:2012 年 2 月第 1 版　2012 年 2 月第 1 次印刷
开　　本:787 mm×960 mm　1/16　印张:10.5　字数:203 千
书　　号:ISBN 978-7-113-14235-3
定　　价:48.00 元

作 者 简 介

王　峰　上海铁路局常务副局长，高级工程师。近年来，曾组织建设上海铁路局管段中国第一条既有铁路提速200 km/h开行动车组的浙赣铁路，中国最早建成的250 km/h有砟轨道客运专线合宁铁路、合武铁路、沿海铁路，时速350 km沪宁城际铁路、沪杭高速铁路、宁杭城际铁路、宁安城际铁路等大批高速、高标准铁路建设任务，有效地服务于长三角区域经济快速发展。

本着"以科技创新引领铁路建设发展"的理念，组织多项重点课题研究和技术攻关，其中京沪电气化铁路提速250 km/h接触网系统成套技术研究，为我国铁路客运专线建设积累了经验；250 km/h沿海铁路客运专线移动模架现场制梁、软土路基处理和隧道安全控制等关键技术研究，为350 km/h高速铁路建设积累了实践经验。先后承担了铁道部"铁路建设项目标准化管理体系研究"、"客运专线整孔箱梁移动模架法施工技术研究"、"基于路局层面的高速铁路联调联试技术管理创新研究"、"高速铁路与邻近既有线运营振动相互影响研究"、"宁杭客专无砟轨道大跨度预应力混凝土刚构连续梁长期变形监控技术研究"等多项重点课题研究；获国家级企业管理现代化创新成果二等奖，铁道部科技进步二、三等奖，上海市科技进步二等奖，上海市优秀发明金奖，并获上海市重点工程"十大杰出人物"、铁道部火车头奖章、上海市五一劳动奖章等多项殊荣。

组织编著出版了《铁路建设项目管理岗位工作指南》、《铁路工程建设标准化管理》、《铁路建设工程标准化评定工作指南》、《高速铁路工序管理要点》、《高速铁路联调联试探索与实践》等丛书，已广泛应用于上海铁路局工程建设管理领域，对铁路工程建设管理进行了有益的探索。

苏　杰　上海铁路局阜阳铁路枢纽工程建设指挥部，指挥长，高级工程师。

汤劲松　石家庄铁道大学，副教授。

张　骏　上海铁路局建设管理处，副处长，高级工程师。

王纪然　上海铁路局阜阳铁路枢纽工程建设指挥部，副指挥长，高级工程师。

前　言

随着铁路和公路等基础设施建设的快速发展，跨越大江大河和其他障碍物越来越多地采用桥梁工程。特别是以客运专线和高速铁路为代表的铁路建设发展，对于线下工程的沉降和刚度要求越来越高，桥梁以其刚度大、沉降小等特点在铁路建设中的比重越来越大。近年来，上海铁路局局管内的几条客运专线和高速铁路建设中，桥梁工程都占有较大的比例，如合宁铁路全长 166 km，桥梁占 19%；合武铁路（上海铁路局管段）全长 204.339 km，桥梁占 26.31%；甬台温铁路全长 282.38 km，桥梁占 33.83%；温福铁路全长 69.208 km，桥梁占 51.4%；沪宁城际铁路全长 300.209 km，桥梁占 71.5%；沪杭高速铁路全长 153.5 km，桥梁占 89.73%。

众多桥梁工程都需要修建深水基础，深水基础以其施工难度大、安全风险高、施工周期长等特点成为大跨度桥梁建设的关键环节，研究桥梁深水基础施工技术对我国的铁路建设特别是桥梁建设有着积极的现实意义。近年来，我国桥梁深水基础广泛采用的大型群桩基础，是桥梁深水基础的发展趋势，随之发展起来的必然有各种围堰的施工技术。常见的围堰形式主要有钢板桩围堰、混凝土围堰、钢套箱围堰、钢吊箱围堰、钢-混凝土组合围堰等。其中，钢板桩围堰具有施工速度快、经济效益好、可重复利用等诸多优点，被广泛应用于修建桥梁深水基础时的围堰工程。

在上海铁路局新建阜阳至六安铁路颍河特大桥深水基础低桩承台施工过程中，采用了长度达 30 m 的拉森Ⅳ型钢板桩围堰，围堰平面尺寸为 28.0 m×22.4 m，施工过程中钢板桩的最大悬臂长度达到 17 m，施工过程中钢板桩围堰的安全稳定是深水基础能否顺利施工的关键所在。

上海铁路局组织参建各方共同对该项目开展了攻关，对超长钢板桩围堰施工过程的关键技术开展了较系统的研究，完善了特殊地质条件下超长拉森Ⅳ型钢板桩插打施工工艺和质量控制要点，探索了超长钢板桩围堰施工过程中的变形和应力的变化规律，探讨了钢板桩围堰设计过程中土压力简化计算的新方法，切实满足了工程建设的需要。本书较为系统地介绍了钢板桩围堰设计、施工、监测等方面的重点，可为今后类似桥梁工程建设提供借鉴，供建设、设计、施工、监理和监测等单位参考。

在本书相关内容的研究过程中，得到了阜阳铁路枢纽工程建设指挥部、石家庄铁道大学和中铁十五局集团有限公司汪书生、熊保林、邓海、陈伟、李炜东、朱延翰等的大力支持和帮助，在此表示衷心感谢！

由于作者知识和水平有限，书中难免有不当甚至错漏之处，恳请各位专家和广大读者批评指正。

2011 年 12 月于上海

目　　录

1 绪　　论

我国江河纵横，海域面积大，路网规划表明，在大江大河和沿海修建规模较大的桥梁势在必行。铁路建设中，对线下工程的沉降和刚度要求越来越高，桥梁以其刚度大、沉降小等显著特点在铁路建设中所占的比重越来越大。中东部地区经济发达、交通压力大，是铁路建设发展较快的区域；但是，该地区江河纵横，地势平坦开阔，水流下泄速度慢，河流多呈水深、流缓、岸滩淤高状态，同时，东部地区雨量充沛、防洪防汛风险大，因此有必要对桥梁深水基础施工关键技术进行研究，以满足铁路桥梁建设发展的需要。

深水基础以其施工难度大、安全风险高、施工周期长等特点成为大跨度桥梁建设的关键环节。深水基础的施工，直接受到深水环境的影响，并且随着水深的增加，未知及可变的技术因素也相应增加，其施工技术的难度也急剧增加。我国桥梁深水基础技术从 20 世纪 50 年代开始。1957 年，长江上建成的第一座桥梁——武汉长江大桥首次采用新型基础结构管柱基础，克服水深 40 m 的施工困难，自此，深水基础在我国有了广泛的应用，其发展大致可分为管柱基础、沉井和钻孔桩基础和复合基础三个阶段。近年来，国内桥梁深水基础广泛采用大型群桩基础，随之发展而来的相应有多种围堰施工技术。

1.1 钢板桩围堰的应用

桥梁基础施工中通常划分为“浅水”和“深水”作业，目前尚无明确、严格的定量界限。目前在铁路、公路工程建设中，参照相关的规范和预算定额，一般以 3 m 左右水深为界限，水深超过 3 m 时称为深水基础；以土力学地基与基础为依据的桥梁深水基础定义，水深在 5 m 以上，不能采取一般的土围堰、木板桩围堰等防水技术施工的基础，称为深水基础。围堰是修筑地下和水中建筑物时所做的临时性围护结构，就是在基坑四周修筑一道围护建筑物，隔水以便在围护建筑物内进行基坑开挖和基础砌筑的工程。桥梁深水基础的修建，主要困难在于防水、防土，有时还要防止冲刷、滑坡等；除沉井、沉箱基础本身具有防水功能外，管柱、桩基础的施工，常需配以防水围堰。另外，在桥梁深水基础中，有时即便采用沉井、沉箱基础，为把基础修在水面以下，仍需在沉井、沉箱之上加设临时性防水围堰，以便进行沉井、沉箱以上和水面以下的部分建筑施工。所以，防水围堰虽是临时结构，但在桥梁深水基础施工中所占的地位是很重要的。

在水深流急的大江大河或潮涌浪高的近、浅海中采用围堰法修建大型桥梁深水基础时，由于桥渡处的水文、地质、气象、航道等条件的不同，不可能有一种适合于所有桥梁基础修建的围堰结构形式和施工方法。目前，桥梁深水基础修建中采用的防水围堰大致有钢板桩围堰、双壁钢围堰、钢筋混凝土围堰、钢吊箱围堰、锁口钢管桩围堰等。由于钢板桩围堰具有施工速度快、经济效益好、可重复利用等特点，被广泛应用于修建桥梁深水基础时的围堰工程。钢板桩围堰是我国早期修建大型桥梁深水基础的主要施工技术，并沿用至今，曾在武汉长江大桥和南京长江大桥成功应用，近年在环胶州湾高速公路女沽口大桥、烟台养马岛大桥、东营黄河大桥等桥梁施工中作为防水围堰广泛采用。在客运专线和高速铁路桥梁建设过程中，也广泛采用了钢板桩围堰施工深水基础，如位于上海市闵行区的京沪高速铁路跨吴淞江大桥，每个主墩有21根直径为1.5 m的群桩基础，采用长24 m、直径23.5 m的拉森Ⅳ型钢板桩围堰结合填芯筑岛技术，成功地将水中钻孔灌注桩和承台施工改变为陆上施工；京沪高速铁路南京南站仙西铁路联络线秦淮河特大桥53号墩深水承台施工采用长24 m、平面尺寸21.5 m×14.8 m的拉森Ⅳ型钢板桩围堰，浍河特大桥995号和996号墩采用平面尺寸25.6 m×16 m、长15 m的拉森Ⅳ型钢板桩围堰施工承台；温福铁路宁德特大桥海湾区58号墩承台施工采用了长16 m的拉森Ⅳ型钢板桩围堰；九江至南昌城际铁路永修特大桥351号和352号墩承台施工采用长18 m、平面尺寸为27.2m×12 m的德国拉森Ⅳ型钢板桩围堰干作业法；合宁铁路店埠河特大桥71号和72号水中墩群桩基础采用筑岛式钢板桩围堰，即先就地筑岛施工钻孔桩，再在岛内插打长12 m拉森Ⅳ型钢板桩围堰的施工方法；沪杭高铁横潦泾大桥(长29 m的拉森Ⅵ型钢板桩)、钱塘江铁路新桥(长度20 m的拉森Ⅵ型钢板桩)均采用钢板桩围堰修建深水基础低桩承台，钢板桩围堰施工实例情况如表1-1所示。

表1-1 钢板桩围堰部分施工实例统计表

序号	应用线路	工程名称	围堰形状和尺寸	钢板桩长度(m)	钢板桩类型
1	京沪高铁	吴淞江大桥	直径23.5 m圆形围堰	24	拉森Ⅳ型
2		秦淮河特大桥	21.5 m×14.8 m矩形围堰	24	拉森Ⅳ型
3		浍河特大桥	25.6 m×16 m矩形围堰	15	拉森Ⅳ型
4	温福铁路	宁德特大桥		16	拉森Ⅳ型
5	昌九城际	永修特大桥	27.2 m×12 m矩形围堰	18	拉森Ⅳ型
6	合宁客专	店埠河特大桥	9.6 m×8.0 m矩形围堰	12	拉森Ⅳ型
7	沪杭高铁	横潦泾特大桥	24 m×24 m矩形围堰	29	拉森Ⅵ型
8	杭甬客专	钱江铁路新桥	20.4 m×26.4 m矩形围堰	20	拉森Ⅵ型

通常，钢板桩截面有平型、槽型、Z型和工字型等型式，其中槽型断面因模量大、插打方便，适用于防水及防土压围堰等特点最为常用。为了能使钢板桩拼联为一体，

每块钢板桩的两侧都辗压有锁口，锁口的形式很多，其中以套形锁口的防渗性能较好，拉森式钢板桩都是采用这种锁口。钢板桩围堰可分为单层和双层，双层钢板桩围堰在横向以及纵向连接和锁定，并在两层之间的间隙填入砂石、黏性土或其他合适的材料。这种类型的双壁钢板桩围堰在欧洲和美洲，以及亚洲的日本和中国的台湾地区应用广泛。

我国桥梁深水基础钢板桩围堰多采用单壁封闭式，按形状可划分圆形和长方形，围堰内有纵、横向支撑，必要时加斜支撑，多用于覆盖层较厚，河床为砂类土、半干硬黏性土、碎石类土等土层及较软岩层。钢板桩起防水、挡土及水下封底混凝土模板的作用，长度一般不超过 20 m，如需 20 m 以上的钢板桩，可用同型号的钢板桩接长；钢围檩作为下沉定位管柱的悬挂和导向结构，同时用为钢板桩的支撑，其顶层又可作为施工平台。与双壁钢围堰相比，钢板桩围堰刚度较小，受材质及制造工艺影响，安全风险较大、适用范围较小，一般情况下钢板桩围堰的悬臂长度不超过 10 m。近年来，由于钢材制造工艺的发展，钢板桩围堰施工技术得到改进，相对于双壁钢围堰，可以节省组拼时间 15～20 d，同时具有施工灵活的优点，大大节省了工期和工程投入，是当前极具优势的深水围堰施工技术。钢板桩施工过程中，必须确保围堰的稳定性，尤其应加强堰内基底土层稳定性检算，确保钢板桩的有效深度。

总体来说，钢板桩具有以下特点：一是强度高，比较容易打入坚硬的土层；二是防水性能好，可在深水施工时使用；三是能按需要组成各种外形的围堰，并可多次重复使用；四是绿色、环保，而且施工速度快、施工费用较低。基于钢板桩在施工作业中的诸多优点，国家质量监督检验检疫总局、国家标准化管理委员会于 2007 年 5 月 14 日发布了《热轧 U 型钢板桩》国家标准，并于 2007 年 12 月 1 日正式实施。

1.2 研究现状

当前对于受力条件复杂的大型深水基础整体力学性能的研究仍处于探索阶段，特别对于大型深水基础围护结构的验算大多局限于围护结构在安装就位及抽水结束等几个特定施工阶段的受力计算，计算中也只是分成几种荷载工况进行加载，不能考虑结构体系不同荷载工况的相关性。由于围堰结构的规模大，所受载荷复杂以及本身在载荷作用下的非线性性(图 1-1)，存在着许多不确定性因素，其模型也是不确定的，再加上施工环境的复杂性、多样性和变异性，使得围堰的施工具有动态不确定性的特征。

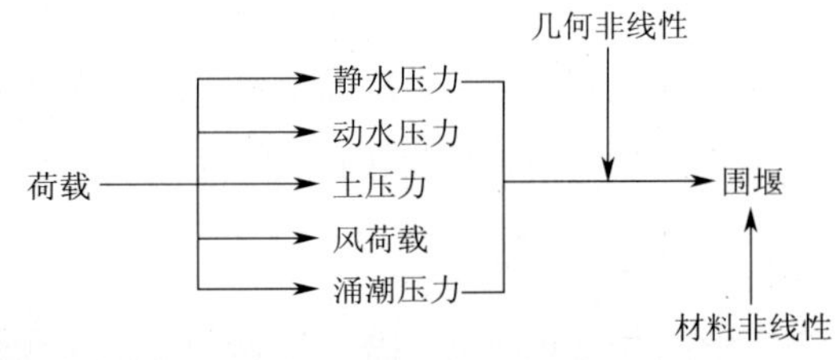

图 1-1 围堰载荷类型

1.2.1 设计方法

目前，钢板桩围堰的设计方法多采用传统的土与围堰结构分离的计算方法，该方法计算简单、概念明确，是钢板桩围堰设计采用的主要方法。计算时，把土和水的作用以压力的形式施加到钢板桩围堰结构上，其中土压力的计算采用朗肯土压力理论；钢板桩围堰内的每道支撑和封底混凝土均作为钢板桩的支撑点，把钢板桩简化成多跨连续梁，取 1 m 宽度对钢板桩进行结构检算；将支撑反力作为外荷载作用在围檩周侧，并选取受力最大的一道围檩对支撑结构进行分析计算；封底混凝土的厚度要满足抗浮和抗裂的要求；考虑地基的抗隆起稳定性来确定钢板桩的入土深度；最后，根据整个围堰结构在流水压力作用下的抗倾覆能力验算其整体稳定性。考虑整体性时，可把围堰和支撑作为一个整体，简化为一封闭刚架，周边承受分布荷载，并利用对称性取 1/4 模型进行计算。

钢板桩围堰的这种设计计算方法是基于简化假定和工程经验，只能在一定程度上满足设计要求，不能体现钢板桩围堰施工全过程的应力和变形的变化情况，同时钢板桩围堰在施工期受静水压力、流水压力、土压力等诸多荷载作用，且桩土间存在复杂的共同作用问题，经验算法带有很大的近似性，有时会出现较大的偏差。因此，有必要对于不同工况、不同工序钢板桩围堰施工全过程的应力和变形分析，揭示不同工况条件下钢板桩围堰的应力和变形发展变化规律。

钢板桩围堰设计计算的另一种方法是有限元法。计算时建立三维空间模型，在对钢板桩围堰结构进行模拟时把土层也进行模拟，可以很好地模拟桩土间的相互作用；但此法要求较高的计算资源，同时在对土层进行模拟时，单元形式及参数的选择对计算结果的影响比较大。

1.2.2 计算参数

实际计算中，如何确定钢板桩的力学参数、水和土的压力、钢板桩入床深度、施工工况，以及桩与桩之间的接触面模拟，水下封底混凝土的阻水、支撑及垫层的选取等对计算的结果有很大影响。对沿海的桥梁，海洋环境更是一个复杂的随机环境，不仅存在波浪，还存在各种其他荷载，加上波浪及其作用方向是随机的，因此围堰的边界条件及其外荷载模拟更加复杂。

1.2.3 支撑体系

牢固的围檩及纵、横钢支撑是钢板桩围堰整体安全性的可靠保证。由于围堰尺寸很大，开挖较深，围堰内外压力大，且嵌固深度不够，按常规设计，支撑会很密，对工程施工带来很大的不便。如何在保证围堰安全的前提下，确定钢板桩围堰及其支撑体系的合理布置，需对钢板桩围堰及支撑体系结构部分进行系统分析，研究钢板桩围堰体系的结构特性、力学特点，提出钢板桩围堰及其支撑体系的技术指标。

1.2.4 施工监测

深水基础钢板桩围堰施工属特大型水中深基坑工程，安全风险较大，施工中如何解决钢板桩围堰的结构偏差、圆满完成基础施工，是工程实践中需要解决的主要问题。在钢板桩围堰施工过程中，通过实时监测，一方面，及时掌握钢板桩围堰的受力和变形情况，发现围堰和围檩支撑可能出现的异常变化，以便及时采取应对措施；另一方面，可检验施工工艺的效果和设计的合理性，为今后改进同类工程设计和施工方法提供依据。如何更加合理地对钢板桩围堰及其支撑体系进行内力、位移监测，有必要通过分析研究深水基础施工条件下钢板桩及其支撑体系内力和位移的变化规律，找出钢板桩及其支撑体系内力和位移发生变化的最危险部位，来确定监控的要素。同时，目前钢板桩围堰的施工监控控制标准主要是参考土建结构的基坑监测控制标准，未考虑不同施工工艺的差异性，因此，钢板桩围堰施工现场监控的控制标准还有待于通过研究不断完善。

上海铁路局在新建阜阳—六安铁路颍河特大桥深水基础施工中，参考国内外深水基础钢板桩围堰施工技术，结合理论分析和现场实测资料，从以下 5 个方面对深水基础钢板桩围堰施工的关键技术进行一定的探索和实践，确保了施工安全和质量。

(1)施工方案：根据钢板桩围堰、双壁钢围堰和钢筋混凝土围堰的结构特点和适用范围，结合现场的具体情况，明确了围堰施工方案比选的重点；并通过理论分析，对钢板桩围堰的内支撑合理布置间距和内支撑的施工方案进行系统研究。

(2)施工工艺：对特殊地质条件下超长钢板桩插打施工工艺进行了研究，确定合理的工艺参数和技术指标，制定现场质量保证和安全管理体系。

(3)施工安全：通过理论分析和数值模拟，并结合现场监测结果，对深水基础超长钢板桩围堰的力学性能和变形特性进行系统研究，保证施工过程安全可控。

(4)安全监控：根据超长钢板桩围堰施工过程中的变形和应力变化规律，给出施工现场监测要点和布点要求，为今后超长钢板桩围堰施工的实时监控提供借鉴。

(5)经济效益：计算了钢板桩围堰施工的投资效益和工期效益，对超长钢板桩围堰施工桥梁深水基础的效益进行全面分析。

2　深水基础围堰施工方案比选

桥梁深水基础施工属特大型水中深基坑，施工工艺和施工组织面临极大的考验，如何最大限度地方便施工，缩短水上作业时间，提高工作效率，以保证承台的质量、安全和工期目标，选择一种最佳的承台施工防水围堰，是桥梁工程施工的关键所在。深水基础低桩承台的施工，常用的防水围堰主要有钢筋混凝土围堰、钢套箱围堰、钢板桩围堰等。每种围堰都有自己的特点和适用条件，因此，需根据桥梁深水基础施工的实际情况，考虑桥址处的水文、地、气象、环境、机械设备、技术力量、工期要求等众多条件，从安全性和经济性进行技术经济比选综合确定。

2.1　施工方案选择的影响因素

2.1.1　水文与地质条件

桥梁深水基础所在处的水深、流速、冲刷、冲溶、浸蚀、水流方向、水位涨落幅度、漂浮物(船、冰)冲击力与波浪冲击力等，以及所在区域的地质状况是桥梁深水基础施工的重要条件和依据。水文资料主要包括：拟建桥梁所引起的冲淤变化及相应的水文改变，产生滑坡、泥石流的可能性和影响，各种漂浮物冲击力的大小和性质，通航登记、航道位置、最高最低通航水位、航道规划与整治规划等通航要求。地质资料主要包括：拟建桥梁所在处的地质勘测资料，包括地层分布、地形地貌等。

2.1.2　气象与环境条件

气象条件主要考虑的是风、气温和降水。风荷载对吊装设备、围护结构露出水面部分等有着一定的影响，气温影响到施工过程中的维护，降水影响到施工工期。在邻近防洪大提时，采用一般打桩锤打桩时，会因振动和翻砂导致防洪大提的下沉，甚至造成事故，所以在这种条件下，应采用其他的施工设备。环境水或地下水对基础和临时围护结构有侵蚀作用时，也要采取相应的措施。

2.1.3　施工机械和施工技术力量

施工机械和施工技术力量是桥梁深水基础施工要考虑的一个因素。施工方案新颖、高效固然是好，但施工机械条件或施工技术力量需要匹配。

2.1.4　工期要求

工期是深水基础施工方案选取时要考虑的一个重要因素。不同的施工方案可能引起施工工期变化较大，特别在工期较紧时施工方案选择尤为重要。

2.1.5　安全性和经济性要求

在施工方案的确定时，应本着技术上安全、经济上合理的原则去确定施工方案。

2.2　围堰的结构特点

深水基础低桩承台干法施工常用的防水围堰主要有钢筋混凝土围堰、钢套箱围堰、钢板桩围堰等，它们有各自的结构特点和适用范围。不同类型的防水围堰适用条件如表 2-1 所示。

表 2-1　不同类型防水围堰适用条件

围堰类别	适用条件
钢筋混凝土围堰	适用于河床无覆盖层、覆盖层较薄且岩盘或着床面倾斜度较小的河床，河滩浅基开挖不稳定的土壤
钢套箱围堰	特别适合河床覆盖层较薄（0～2 m），下卧层为密实的大漂石或岩层，以及基础需爆破开挖等特殊情况
钢板桩围堰	适用于水深 4 m 以上，河床为砂类土、半干硬黏性土、碎石类土或较软岩层；适用较深基坑，防水性能较好

2.2.1　钢筋混凝土围堰

钢筋混凝土围堰可分为重力式和薄壁钢筋混凝土围堰。重力式钢筋混凝土围堰结构与沉井相似，是一种比较传统的围堰形式，以圆形结构为主；沉井是桥梁结构的一部分，而混凝土围堰仅是一种施工结构。重力式钢筋混凝土围堰结构一般在河床无覆盖层岩面，且水压较高处使用，耐冲刷、安全及防水性能好，也可作为永久性结构物的一部分，其施工较困难，主要应用于水工建筑物中，其他土木工程中较少采用。

薄壁钢筋混凝土围堰一般采用双壁结构，通常适用于水深在 20 m 以内，覆盖层较薄且岩盘或者床面倾斜度较小的水域，是一种分节预制的装配式结构，其平面形状根据承台结构形式以及水文等条件而定，高度根据浮运能力而定。节与节之间一般采用法兰连接，壁间下部为封底需要填充混凝土。围堰节段壁薄、体轻、易于吊装，施工工艺较简单，可现场浇筑混凝土，节约钢材并充分利用当地材料资源，能承受较大的水流冲击，成本大大低于钢围堰，在山区交通不便、工期紧张时更显其利。但该种结构须在岸上预制，因此在桥位附近需有码头并设有下水滑道；由于其重量较轻，下沉较困难，通常适用于河床覆盖层较浅的水中区域；水下下沉对接中须配备潜水员协助，在水流较大、较深的水域不宜实施。

2.2.2 钢套箱围堰

钢套箱围堰按形状可分为矩形（圆端形）和圆形，其中每种围堰又有单壁、双壁以及单双壁组合式钢围堰。平面形状的确定主要受承台平面尺寸的影响以及水深的影响，经比较，一般当承台长宽比小于 1.5，水深大于 15 m 的情况下，采用圆形围堰更为合理。圆形围堰，由于在水压力作用下，只产生环向轴力，可不设内支撑，因此能够提供足够的施工空间；由于其截面可以导流，适用于流速较大的深水河流中低桩承台的施工。但由于承台尺寸一般为矩形，因此封底的截面积较大，封底混凝土的使用量较大。矩形或圆端形围堰，可按承台的尺寸和形状设计，减少了围堰钢壁的用钢量以及封底混凝土的用量。但该围堰需加设内支撑，给后续工程的施工带来诸多不便；同时抗水流冲击能力和整体性较差，不宜在流速较大的河流中使用。

单、双壁的构造主要是考虑钢围堰下沉的需要。由于钢围堰重量轻，在挖土较深的情况下仅靠自重难以下沉，需灌注配重混凝土，因此要设置双壁结构；单壁钢围堰能承受向内向外的压力，结构相对稳定，也能为顶部施工平台提供支撑条件，但刚度相对小，对于施工水深较大，单壁钢围堰难以满足要求。双壁钢围堰由槽钢、角钢以及扁钢焊接或部分螺栓连接，构成平面为矩形或圆形双层骨架，底部设刃脚；双壁钢围堰刚度大，整体性好，可为承台施工提供较大的空间，也能为顶部施工平台提供支撑条件，但费用相对较高，作为施工临时设施，通常不能完全拆除，造成一定程度的浪费。

2.2.3 钢板桩围堰

钢板桩围堰是深水基础施工中一种有效的围护结构，靠锁口封水，具有强度高，插打入土方便，防水性能好，能按需要组成各种外形的围堰，并可多次重复使用等特点。钢板桩围堰有单层和双层之分。双层钢板桩围堰在横向以及纵向连接和锁定，并在两层之间的间隙填入砂石、黏性土或其他合适的材料。桥梁深水基础钢板桩围堰常用于沉井顶、管柱基础和桩基础承台以及明挖基础等下部结构的施工，多采用单壁封闭式，围堰内有纵、横向支撑，必要时加斜支撑。钢板桩围堰主要由钢板桩和钢围檩（包括内支撑）组成，钢板桩起防水、挡土及水下封底混凝土模板的作用，长度一般不超过 20 m，如需 20 m 以上的钢板桩，可用同型号的钢板桩接长；钢围檩作为下沉定位管柱的悬挂和导向结构，同时作为钢板桩的支撑，其顶层又可作为施工平台。

钢板桩围堰适用于水深 4～8 m，甚至更深的水中；覆盖层较厚；河床为砂类土、半干硬黏性土、碎石类土等土层，并可打入较软岩层。一般基底为砂层和较密实的黏土层均可应用，近年来有基底为强风化花岗岩的应用。但是，该围堰也有其局限性，其一，由于是组拼式结构，整体刚度较小，因此其抗水流及冲刷能力较差，不宜于在流速较大的情况下使用；其二，由于其本身强度、刚度有限，在承台较深时，支撑的合理设置比较困难。近年来，由于钢材制造工艺的发展，钢板桩围堰相对于双壁钢围堰可以节省组拼时间，同时具有施工灵活的优点，大大节省了工期和工程投入，是当前极具优势的深水围堰施工技术。

2.3 比选实例

2.3.1 工程概况

阜六铁路颍河特大桥位于安徽省阜阳市境内，在颍东区袁寨镇河北村与颍上县五十里铺乡白果树村交界处跨越颍河，起点里程为 DK7＋303.24，终点里程为 DK12＋843.4，全长 5 540.16 m，桥梁按客货共线铁路 160 km 时速设计，同时预留 200 km 时速条件，主跨采用一联(70＋120＋70)m 连续梁跨越颍河主航道。

1. 地形地貌

颍河特大桥位于安徽省阜阳市颍东区与颍上县交界处，在 DK8＋359.39 跨越淮北大堤圈之颍左堤进入颍河河道，在 DK8＋939.54 处跨越颍河主河槽，在 DK9＋315.44 处跨越颍右堤，穿过主河道。两岸堤坝均为土坝，坡度较缓，是安徽省淮北大堤圈的重要组成部分。河滩上有较多植被，以杨树及小灌木为主。桥址区域属淮河冲积平原地貌单元，主要为颍河河床、漫滩及一级阶地，地势平坦开阔，相对高差在 0.5 m 左右，多为耕地。

2. 工程地质

区内断裂均隐伏于第四纪地层之下，全新世以来基本无活动，区域构造稳定性较好。在粉土、粉砂层中赋存孔隙水，水量颇丰，稳定水位埋深 0.8～3.1 m。上部黏性土具弱膨胀性，河底多淤泥，厚 0.3～0.5 m。桥址区域地震峰值加速度为 0.10g。根据设计提供的钻孔勘探资料，桥址处勘探范围内岩土层自上往下划分为八个大层和若干亚层，其中①～②层为第四系全新统，③～⑥层为第四系上更新统，⑦层为第四系中更新统，⑧层为第四系下更新统。

中铁上海设计院集团有限公司

钻 孔 柱 状 图

新建铁路阜阳至六安线　定测

工点名称:颍河特大桥　　　　钻探单位:中机工程勘察设计研究院

编　号	DZ颍河-29	钻孔位置	DK8+879.58			钻孔深度	100.00 m
地面高程	19.30 m	施钻方法	泥浆护壁	钻孔坐标	X　3 632 913.61	开工日期	2008-06-19
孔口高程	19.30 m	钻机类别	XY-1		Y　405 671.03	完工日期	2008-06-21

地层编号	时代成因	层底高程(m)	层底深度(m)	分层厚度(m)	柱状图 1∶250	岩土名称及其特征
①31	Q_4^{al}	11.10	8.20	8.20	Ss	粉砂:灰黄、灰色,饱和,松散,含大量贝壳质及云母质
②11		7.30	12.00	3.80		粉质黏土:灰黄色,软塑,局部硬塑,含铁锰质及姜结石
②2		3.30	16.00	4.00		粉土:灰黄色,潮湿～饱和,密实,含云母质,震动易析水,13.4～14.2 m为硬塑粉质黏土
④1		1.80	17.50	1.50		粉质黏土:灰黄色,硬塑,土质均一
④2		1.30	18.00	0.50		粉土:灰黄色,潮湿～饱和,中密,含云母
⑤1	Q_3^{al}	-9.40	28.70	10.70		粉质黏土:褐黄、灰黄夹灰绿色,硬塑,含铁锰质及姜结石,局部夹薄层粉土
⑤1夹		-10.80	30.10	1.40		粉土:灰黄色,潮湿～饱和,中密,含云母质,震动易析水
⑤1		-12.70	32.00	1.90		粉质黏土:灰黄夹灰绿色,硬塑,含铁锰质及姜结石
⑤2		-17.90	37.20	5.20		粉土:灰色,潮湿～饱和,中密,含云母质,局部含贝壳质,震动易析水,37.7～41.1 m为粉细砂
⑤31		-21.80	41.10	3.90	Ss	粉砂:灰色,饱和,中密,含云母
⑥1						

取样:

编号	深度(m)
(土)1	0.80–1.00
(土)2	3.80–4.00
(土)3	6.80–7.00
(土)4	8.60–8.80
(土)5	11.60–11.80
(土)6	12.80–13.00
(土)7	14.80–15.00
(土)8	17.20–17.40
(土)9	19.60–19.80
(土)10	22.60–22.80
(土)11	25.60–25.80
(土)12	28.80–29.00
(土)13	31.60–31.80
(土)14	33.60–33.80
(土)15	36.60–36.80
(土)16	38.80–39.00
(土)17	40.80–41.00

标贯击数(击):

击数	深度(m)
=8.00	1.15–1.45
=12.00	2.65–2.95
=15.00	4.15–4.45
=17.00	5.65–5.95
=16.00	7.15–7.45
=8.00	9.15–9.45
=26.00	12.15–12.45
=30.00	13.15–13.45
=31.00	15.15–15.45
=28.00	17.65–17.95
=12.00	20.15–20.45
=18.00	23.15–23.45
=21.00	26.15–26.45
=36.00	29.15–29.45
=24.00	32.15–32.45
=22.00	34.15–34.45
=17.00	37.15–37.45
=18.00	39.15–39.45
=18.00	41.15–41.45

稳定水位(m)和水位日期:

图 2-1　46 号墩位处钻孔柱状图(局部)

中铁上海设计院集团有限公司

钻 孔 柱 状 图

新建铁路阜阳至六安线 定测

工点名称：颍河特大桥　　　　钻探单位：中机工程勘察设计研究院

编　号	DZ颍河-30A	钻孔位置	DK8+999.58			钻孔深度	100.00 m
地面高程	16.60 m	施钻方法	泥浆护壁	钻孔坐标	X 3632793.66	开工日期	2008-06-13
孔口高程	16.60 m	钻机类别	XY-1		Y 405674.47	完工日期	2008-06-18

地层编号	时代成因	层底高程(m)	层底深度(m)	分层厚度(m)	柱状图 1：250	岩土名称及其特征	取样	标贯击数(击)	稳定水位(m)和水位日期
①31	Q_4^{al}	11.10	5.50	5.50	S_{si}	粉砂：灰黄、灰色，饱和，松散，含大量贝壳质及云母质		=4.00 1.65-1.95 =5.00 3.15-3.45 =7.00 4.65-4.95	
②11	Q_4^{al}	8.20	8.40	2.90		粉质黏土：灰色，软塑，局部硬塑，含铁锰质及钙质结核		=4.00 6.15-6.45 =6.00 7.65-7.95	
④1	Q_3^{al}	-1.40	18.00	9.60		粉质黏土：褐黄色，硬塑，含铁锰质斑点		=9.00 9.65-9.95 =11.00 11.65-11.95 =13.00 14.15-14.45 =16.00 17.15-17.45	
⑤1	Q_3^{al}	-10.00	26.60	8.60		粉质黏土：灰黄色，硬塑，层状构造，局部夹粉细砂薄层		=22.00 19.15-19.45 =26.00 22.15-22.45 =18.00 25.15-25.45	
⑤31	Q_3^{al}	-18.70	35.30	8.70	S_{si}	粉砂：灰黄、浅灰黄色，饱和，中密，含云母质，局部夹粉质黏土及粉土		=22.00 27.15-27.45 =25.00 29.15-29.45 =33.00 31.15-31.45 =41.00 33.15-33.45	
⑥1	Q_3^{al}					粉质黏土：褐黄、灰黄色，硬塑，含铁锰质斑点及钙质结核		=24.00 36.15-36.45 =17.00 38.15-38.45 =15.00 40.15-40.45	

图 2-2　47 号墩位处钻孔局部柱状图(局部)

主墩处主要地层岩性特征(局部如图 2-1 和图 2-2 所示)自上而下为:

①$_{31}$粉砂(Q_4^{al}):灰、灰黄色,松散,饱和,含云母及氧化铁斑点。分布于颍河河床,厚 5.5~8.2 m。

②$_{11}$粉质黏土(Q_4^{al}):褐黄、灰黄色,硬塑,局部软塑,含铁锰质结核及姜结石,局部粉性较强,中压缩性。颍河南岸局部地段缺失,厚 1.8~13.8 m。

②$_2$ 粉土(Q_4^{al}):灰黄色,稍密,潮湿~饱和,干强度低,摇振反应明显,含云母及氧化铁斑点。厚 0.8~15.6 m。

④$_1$ 粉质黏土(Q_3^{al}):浅灰、灰黄色,硬塑,局部软塑,中压缩性,含铁锰质结核及姜结石,局部见腐殖质及贝壳,偶夹薄层粉砂、粉土;遍布河道范围,厚 1.5~16.4 m。

④$_2$ 粉土(Q_3^{al}):灰、灰黄色,中密,潮湿~饱和,干强度低,摇振反应明显,含云母,局部夹粉细砂。厚 0.4~7.1 m。

⑤$_1$ 粉质黏土(Q_3^{al}):灰黄、灰绿、青灰色,硬塑,中压缩性,含少量铁锰质及姜结石;遍布河道范围,厚 1.9~16.5 m。

⑤$_{1夹}$粉土(Q_3^{al}):灰黄色,中密,潮湿~饱和,干强度低,摇振反应明显,含云母及氧化铁斑点;仅见于 46 号墩位置,厚 1.2~2.4 m。

⑤$_2$ 粉土(Q_3^{al}):灰黄色,中密,潮湿~饱和,干强度低,摇振反应明显,含云母及氧化铁斑点。厚 0.4~10.3 m。

⑤$_{31}$粉砂(Q_3^{al}):灰黄色,中密,饱和,含云母及氧化铁斑点;分布于河床范围,岸滩缺失,揭露厚度大于 3.9 m。

⑥$_1$ 粉质黏土(Q_3^{al}):灰黄、灰绿色,硬塑,中压缩性,含铁锰质及姜结石,局部粉性较强;分布范围广,一般厚 8.0~20.0 m。

⑦$_1$ 粉质黏土(Q_2^{al}):灰褐、青灰色,硬塑,中压缩性;分布范围广,揭露厚度大于 9.4 m,是陆上桩基的主要持力层。

⑦$_2$ 粉土(Q_2^{al}):灰黄色,中密,潮湿~饱和,局部含黏性土及粉细砂,干强度低,摇振反应明显,含云母及氧化铁斑点。见于 47 号墩位置,厚 8.3 m。

⑦$_{32}$细砂(Q_2^{al}):灰黄、灰白色,中密,饱和,含云母及氧化铁斑点;厚 8.5~12.9 m。

⑦$_{32夹}$粉质黏土(Q_2^{al}):灰色,软塑,局部见腐殖质,中压缩性,含铁锰质及姜结石,厚 2.5~4.8 m,该层分布广,是桩基础的主要持力层。

3. 水文地质

颍河是淮河最大的支流,发源于河南省西部伏牛山山脉,地跨豫皖两省。颍河干流于阜阳市界首市进入安徽省境内,于沫河口注入淮河,全长约 207 km。由于受黄泛影响,颍河两岸滩地淤高,一般河岸高于堤内地面 1~2 m。河道弯曲段较多,较大的弯道主要集中在阜阳市以下。河道比降上陡下缓,安全泄量上大下小,易形成洪峰叠加,防洪防汛压力大。

桥址处河槽宽 180～210 m,河深 8～12 m。河道较顺直,上、下游不远处各有一弯道,河段基本稳定,滩、岸无崩塌现象。两岸堤坝坡度较缓,土坝、河滩上有较多植被,以杨树及小灌木为主。颍河流域属暖温带半湿润大陆性季风气候区,冬季干旱少雨,夏季降雨比较集中,具有时间短,强度大的特征。主汛期一般在 6～9 月,11 月至翌年 2 月为枯水期。由于有下游颍上闸和上游阜阳闸的节制,河水位变化不大。

根据《阜六铁路颍河特大桥工程防洪评价报告》的成果,桥址处颍河百年一遇设计洪水位为 $H_{1/100}=32.84$ m,最大流量 5 160 m^3/s,最大流速 1.79 m/s;五年一遇设计洪水位为 $H_{1/5}=27.86$ m,流量 1 900 m^3/s,断面平均流速 0.97 m/s。颍河规划为Ⅳ(3)级航道,最高通航水位为 27.65 m,常水位为 23.45 m,通航净高不小于 8 m,净宽 90 m,航道中心线与线路法线夹角为 15°。

4. 气象条件

颍河流域属暖温带半湿润大陆性季风气候区,四季气候分明,春季干旱多风,夏季湿润多雨,秋季凉爽早霜,冬季寒冷较长。夏秋季降水量集中,降水量年际变化较大,年平均降水量 1 006.6 mm,且降水年内分布不均,多集中在 6～9 月。

5. 工程特点分析

颍河特大桥 46、47 号主墩位于颍河主航道内,设计为 20 根 $\phi 2.0$ m 群桩基础,设计桩长分别为 83 m 和 86 m,主墩承台设计为矩形二阶钢筋混凝土低桩承台,承台尺寸为(24.6×19.3×4)m+(13×10×2)m。46、47 号墩河床面高程分别为 19.3 m 和 16.6 m,承台底面高程分别为 11.36 m 和 11.37 m,常水位时主河槽 46、47 号主墩水深分别为 8.8 m、11.5 m,属于深水基础低桩承台;桥址处颍河河道弯曲、岸陡、流缓,主河道水面宽 180～210 m。颍河特大桥主跨布置详见图 2-3。

颍河特大桥深水基础施工具有施工难度大,安全风险大,施工技术管理及安全管理复杂等特点,干法施工颍河特大桥低桩承台的围堰方案选择和围堰施工安全,成为制约该桥梁工程能否顺利施工的重要环节。

2.3.2 方案比选

钢筋混凝土围堰虽然造价相对较低,但需要的辅助施工措施多,围堰施工周期较长,难以满足该工程的工期要求;同时不易拆除,将会对今后的通航带来一定的影响;另外,钢筋混凝土围堰主要适用于河床无覆盖层、覆盖层较薄且岩盘或着床面倾斜度较小的河床,而颍河特大桥桥址处的河床为砂土、粉质黏土层,覆盖层较厚,故本次方案比选中不予考虑。

若采用双壁钢围堰,能够适应较大水深,结构安全也易于保证,但也存在以下问题。

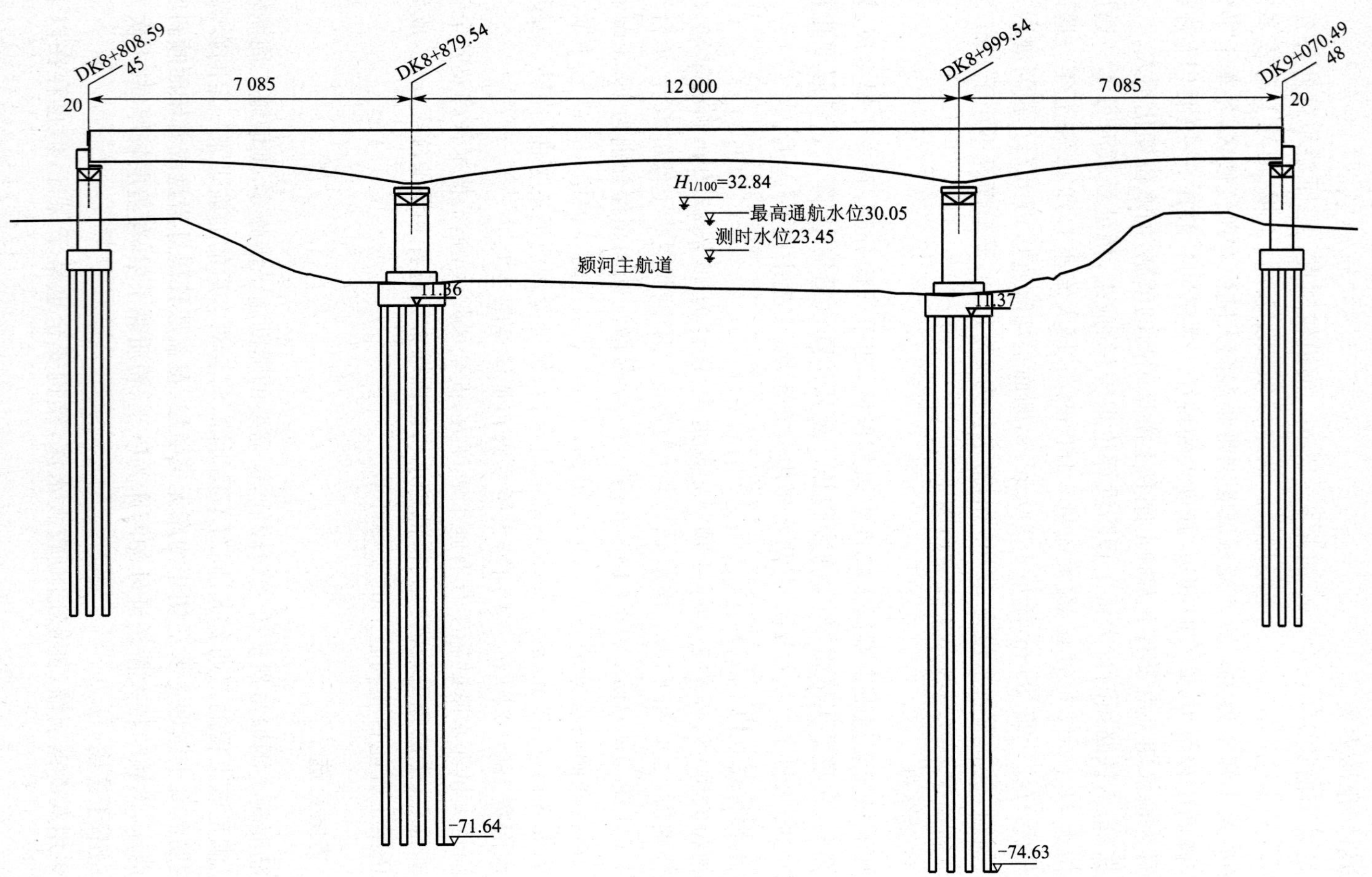

图2-3 颍河特大桥主跨布置立面图

(1)根据承台的平面尺寸和底面高程,将设计成圆形结构受力较为合理,其内径将达到 33 m,考虑到双壁钢围堰的壁厚不小于 1.2 m,钢围堰的外径将达到 35.4 m,施工过程中将会影响通航和防洪。

(2)由于围堰的尺寸较大,桥址处河床为粉砂层下卧硬塑粉质黏土,覆盖层较厚,钢围堰在接高吸泥下沉过程中,下沉较困难;下沉过程中不易控制其姿态,大尺寸围堰纠偏较困难;工期要求难以保证。

(3)由于圆形围堰的尺寸较大,导致吸泥开挖的工程量较大,封底混凝土的用量和施工用钢材用量也较大,会造成较大的浪费。

(4)作为临时结构的钢围堰埋在河床以下部分在施工完成以后不能切割回收,而能够切割的位于河床面以上部分钢围堰由于主墩围堰设计尺寸与其他桥墩的不同也不能重复利用,造成钢材使用方面的浪费,不利于节能减排和环境保护;另一方面,不能拆除的部分钢围堰也会影响后续的河道断面补偿切滩施工。

采用钢板桩围堰施工速度较快,可满足工期要求;钢板桩施工可穿过较厚的河床覆盖层,施工过程中解决好钢板桩插打施工质量,围堰的施工质量也是有保证的;钢板桩围堰可以根据承台的尺寸,设计成矩形形式,减小施工期间河道占用量,能够满足通航和防洪要求;钢板桩可以重复利用,经济效益好,不影响河道面积补偿的切滩施工。施工单位拥有从事拉森钢板桩围堰施工的现场管理人员和专业技术人员,以及相关工种的施工队伍技术工人,现有履带吊、汽车吊、振动锤及其相配套的配电柜、电焊机、水泵、吸泥泵、抓斗、小型挖掘机、渣土运输车等钢板桩围堰施工的相关机械设备,能够胜任颍河特大桥深水基础施工的艰巨任务。但由于钢板桩围堰是单壁结构,存在一定的安全风险,施工中需加强现场监测,确保结构安全。

根据钢板桩围堰、双壁钢围堰、钢筋混凝土围堰的各自结构特点和适用条件,结合颍河特大桥桥址处水文和地质条件、气象和环境条件、通航和防洪要求、施工队伍的机械设备和技术力量、工期要求、以及安全性和经济性,并考虑施工方案尽量达到环境保护和节能减排,经过反复论证,最终确定颍河特大桥主墩深水基础施工采用钢板桩围堰方案。

2.4　小　　结

(1)桥梁深水基础围堰施工方案的选择,应该根据防水围堰的结构特点和适用范围,结合桥梁深水基础施工的实际情况,考虑桥址处的水文和地质条件,气象和环境条件,施工队伍的机械设备和技术力量,工期要求,安全性和经济性等条件,经技术经济比选综合确定。

(2)根据低桩承台施工常用防水围堰的结构特点和适用范围,结合颍河特大桥深水基础的实际情况,经技术经济比选,确定采用钢板桩围堰作为颍河特大桥深水基础低桩承台干法施工的围堰方案。

3　超长钢板桩围堰设计探讨

目前,钢板桩围堰设计方法大多采用传统的土与围堰结构分离的计算方法,其设计计算理论落后于工程应用。对于钢板桩围堰而言,围堰内各层内支撑布置的位置非常重要,合理的内支撑布置可以减少钢板桩的变形,改善结构的应力分布,从而充分发挥钢板桩和内支撑材料的力学性能。本章简要介绍了钢板桩围堰设计的简化计算方法,以颍河特大桥深水基础超长拉森Ⅳ型钢板桩围堰为研究对象,选用四种内支撑布置方案,分析了钢板桩与内支撑的变形和受力情况,探讨了超长钢板桩围堰内支撑布置的合理间距。

3.1　常用设计计算方法

3.1.1　设计步骤

(1)根据承台大小,拟定围堰平面尺寸;

(2)将地质剖面图、最高水位、最高施工水位等资料汇集分析;

(3)计算围堰所受的侧压力:静水压力、水流冲击力、冰压力、风力、波浪力和土压力,有时还需要考虑地震力;

(4)确定支撑布置方案,设计钢板桩及内支撑各构件断面,并作受力检算;

(5)检算围堰的稳定性,分析围堰基底的隆起、涌水、翻砂等有关基底土稳定性和围堰整体抗倾覆稳定性的问题。

在围堰结构尺寸的设计过程中,应考虑以下因素。

(1)平面尺寸,多按上部结构及其基础的尺寸拟定。围堰以不妨碍施工和安装模板为原则,但至少应大于基础轮廓尺寸 1.5 m;另外还须考虑抽水设备和其汇水井安装所需之尺寸。

(2)立面尺寸,多受水位高度、冲刷深度、围堰内开挖深度,以及基底稳定(隆起、涌水、翻砂)和围堰整体稳定等因素所控制。其中尤以水位高低的影响最为重要,所以设计时按可能发生的而不是绝对的最不利水位计算,如按施工阶段的最高水位、抽水最高水位、洪峰最高水位等计算。

3.1.2　计算方法

在目前的钢板桩围堰简化设计计算过程中,作用在钢板桩围堰结构上的荷载一般考虑水压力和土压力，其中，土压力以朗肯土压力理论计算，即在围堰外侧采用朗肯主动土压力，而围堰以内采用朗肯被动土压力。计算中，考虑浮力的影响，河床土体的重度取为浮重度。

实际上，这种土压力计算方法不尽合理。一方面，钢板桩围堰在工作状态下的桩身位移量较小，围堰外侧的土压力很难处于主动极限平衡状态，也就是并没有达到主动土压力；另一方面，即使围堰外侧土体达到主动极限平衡状态，而在相同位移量的条件下，围堰内侧土体也不可能达到被动极限平衡状态，也就是说围堰内侧土压力不可能是被动土压力。同时，围堰外侧土压力采用朗肯主动土压力，使得作用在钢板桩围堰外侧的土压力偏小；而围堰内侧土压力采用朗肯被动土压力显然偏大，计算结果偏不安全。

根据本项目的研究成果(参见第 4 章)，由于钢板桩围堰在工作状态的桩身变形不大，所以围堰外侧的土压力介于主动土压力与静止土压力之间，靠近于静止土压力；而围堰内侧的土压力介于静止土压力和被动土压力之间，也是靠近静止土压力。考虑到围堰工作状态的变形比较复杂，土压力的大小难以准确确定，故建议在钢板桩围堰简化设计时，土压力的计算可采用静止土压力，计算结果偏于安全。钢板桩围堰设计计算的具体过程可参见有关基坑工程设计计算方法。

3.2 内支撑合理布置间距

围堰结构设计中，内支撑布置是最关键的。内支撑的竖向布置决定了钢板桩的应力大小，水平布置决定了结构内部施工的难易程度。设计时，应尽可能优化支撑布置，以形成较大的作业空间，且避免采用超大截面的结构构件。当钢板桩强度已定，即把钢板桩作为常备构件使用时，可按支撑之间最大弯矩值相等的原则进行布置，即等弯矩布置原则；当把支撑作为常备构件使用，甚至要求各层支撑的断面大致相等时，可把各层支撑的反力设计成相等，即等反力布置原则。当然还有其他一些布置方式。具体采用哪种方式，需要结合钢板桩、围檩、内支撑综合分析。由于等值梁法不能考虑三者的相互作用，需建立关于钢板桩、围檩、内支撑的三维有限元模型，通过改变支撑的布置间距，得到相同受力情况下钢板桩、围檩、内支撑的受力和变形情况，综合这些因素找到一个合理的内支撑布置间距。

3.2.1 颍河特大桥深水基础钢板桩围堰设计方案

1. 设计依据

(1)阜六铁路颍河特大桥图纸。

(2)钢结构设计规范(GB 50017—2003)。

(3)铁路桥涵设计基本规范(TB 10002.1—2005)。

(4)混凝土结构设计规范(GB 50010—2002)。

(5)建筑基坑支护技术规程(JGJ 120—1999)。

(6)河床高程:46 号墩 19.3 m,47 号墩 16.6 m。

(7)施工水文:采用五年一遇洪水位,水位高程为 27.86 m。

(8)封底混凝土厚度采用 2 m,封底混凝土标号为 C20,容许拉应力[σ]=0.73 MPa,钢护筒与封底混凝土之间的握裹应力 0.12 MPa。

(9)钢板桩采用拉森Ⅳ型,长度 30.0 m,材质 Q345,截面模量 W=2 037 cm^3,设计容许应力值[σ]=200 MPa。

(10)支撑钢材:Q235B,设计容许抗弯应力值[σ]=145 MPa,容许抗拉压应力值[σ]=135 MPa,焊接选用 E43 系列焊条,角焊缝等级为Ⅲ级,一律满焊。

(11)地质:在钢板桩入土深度范围内,共四个大层和若干亚层,其中①~②层为第四系全新统,③~④层为第四系上更新统,从上至下土层依次为粉砂、粉质黏土,中间部分区域夹杂有粉土。

2. 钢板桩围堰结构设计简介

一般来说,围堰工程应符合以下要求:

(1)围堰顶面应高于施工期最高水位 0.5 m,平面尺寸要考虑施工季节的流水断面,尽量减少河床冲刷;

(2)围堰做到接缝严密,减少渗漏,并防止围堰外冲刷;

(3)应满足围堰断面的稳定与强度要求;

(4)围堰内面积,应满足承台施工和基坑开挖尺寸等施工的要求;

(5)节约材料,结合当地水文地质情况就地取材。

根据上述原则,颍河特大桥钢板桩围堰设计为矩形,平面尺寸为 28.0 m×22.4 m,如图 3-1 所示。钢板桩长度为 30.0 m,钢板桩顶设计高程 28.36 m,钢板桩桩尖高程为−1.64 m。

围堰从上到下设六道支撑,最上面一道为第一道支撑,最下面一道为第六道支撑,依次排序。第一道、第二道和第三道围檩与内支撑均由单排 H 型钢 H40c 组成,支撑中心线高程分别为 27.46 m、24.46 m 和 21.46 m;第四道、第五道和第六道围檩及内支撑均由双拼 H 型钢 2H40c 组成,支撑中心线高程分别为 18.66 m、15.86 m 和 13.36 m。在上部五道之间设置剪刀撑(角钢 L160×10)和竖撑 2[20a,将各道支撑连成整体,以提高钢板桩围堰的整体刚度。在加内支撑前,每道支撑都需先在钢护筒上设置 10 个牛腿,在钢板桩上设置 40 个牛腿,作为支撑内框架和围檩的临时支座。其设计断面图如图 3-2 和图 3-3 所示。

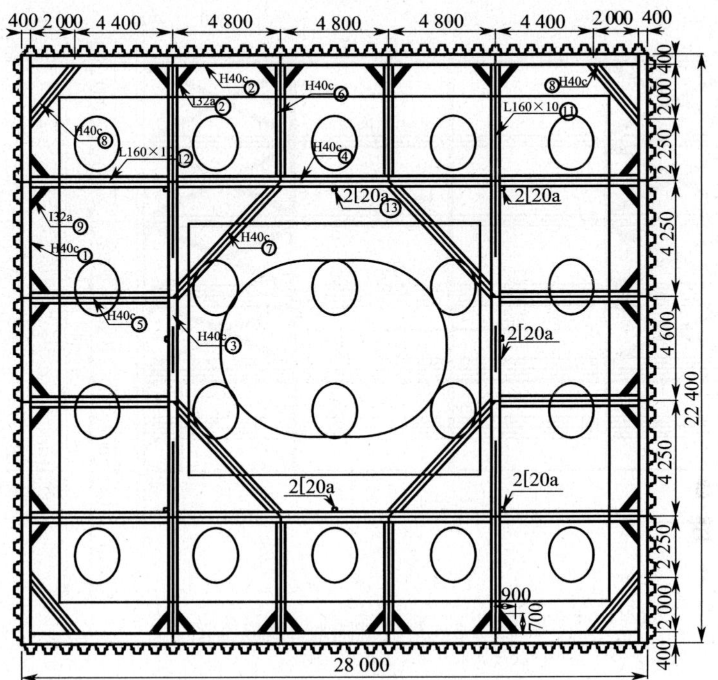

图 3-1 钢板桩围堰平面布置图

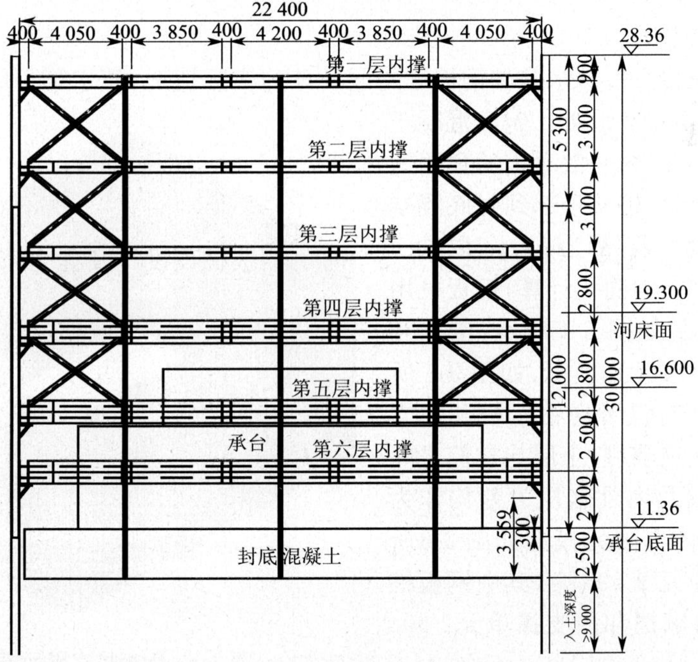

图 3-2 钢板桩围堰 1-1 断面图

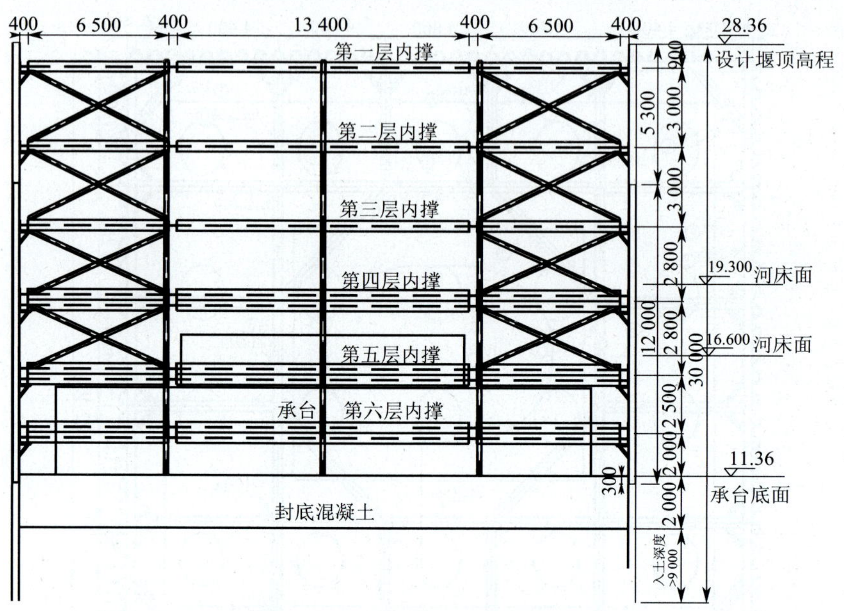

图 3-3　钢板桩围堰 2-2 断面图

3.2.2　内支撑合理布置间距分析

1. 计算模型

根据颍河特大桥深水基础钢板桩围堰设计的实际情况，假定第一层内支撑位置固定，即离桩顶 0.9 m 处。封底混凝土的位置保持不变，封底混凝土的顶面为承台底面，即钢板桩从顶部到封底混凝土的顶面长度一定，都为 17 m，取这一段为研究对象。为简化计算，钢板桩用壳单元来模拟，如图 3-4 所示；围檩和内支撑均用梁单元来模拟，如图 3-5 所示。整体建模时只考虑钢板桩和内支撑组成的钢板桩围堰，土层与它们之间的相互作用以及内外水压力差均作为荷载考虑，整体有限元模型如图 3-6 所示。共划分单元 9 508 个，其中钢板桩单元6 604个，围檩和内支撑单元2 904 个。

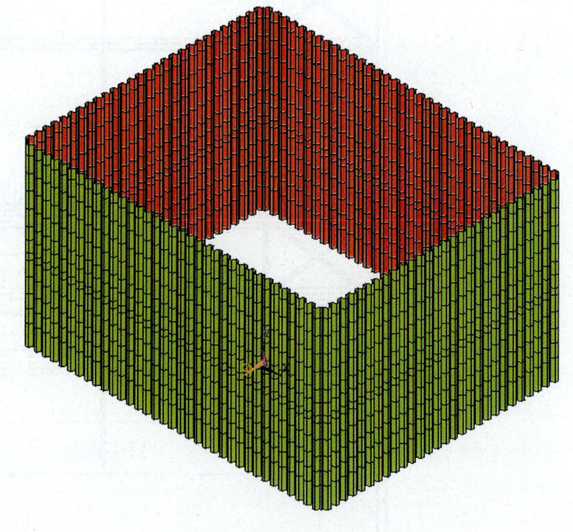

图 3-4　钢板桩有限元模型

在建立有限元模型时，钢板桩和封底混凝土顶面接触处没有位移，采用固定约束模拟，所施加的外部荷载有水压力和土压力。钢板桩没有和土层接触的河床面以上部分仅受水压力的作用，所施加的荷载与深度成线性分布；河床面以下部分不仅受到水压力的作用，同时还受到土压力的作用。由于钢板桩围堰内部抽水和土层开挖形成内外压力差，导致钢板桩整体有向内侧变形的趋势，目前实际设计中采用的土压力处理方法为简化的主动土压力计算方法，钢板桩所受到的荷载与深度也成线性分布，作用在钢板桩围堰上的荷载如图 3-7 所示。

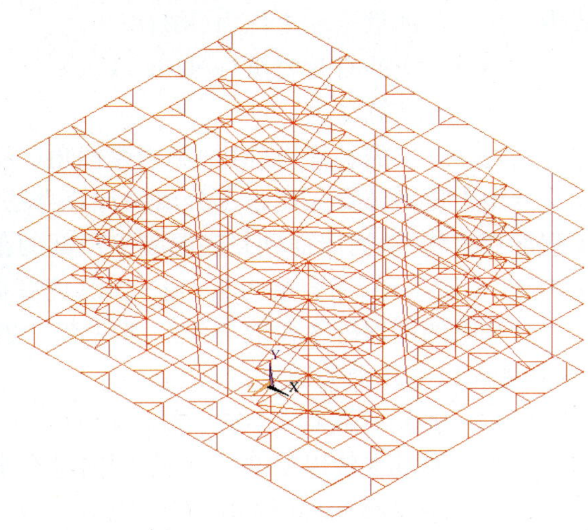

图 3-5 围檩和内支撑有限元模型

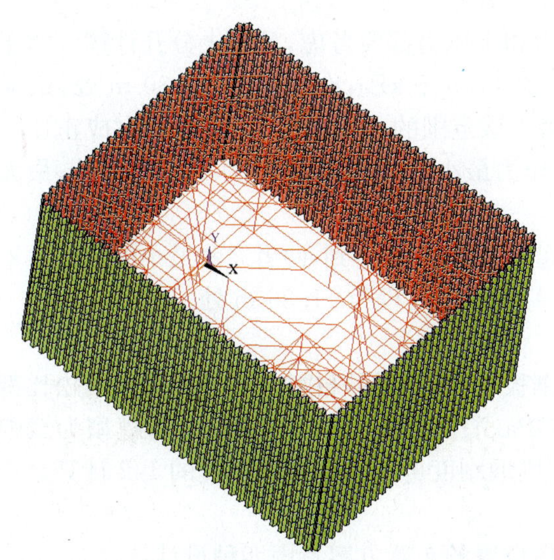

图 3-6 钢板桩围堰整体有限元模型

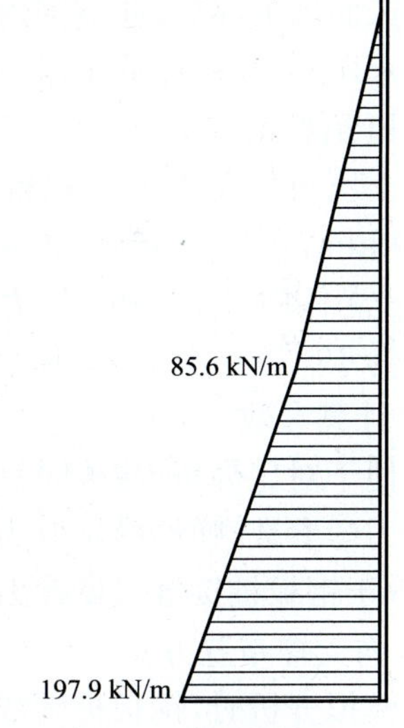

图 3-7 单位宽度钢板桩所受到的荷载

关于土压力荷载的分布情况，可以结合工程地质勘察报告，依据主动土压力公式得到。作用在钢板桩围堰外侧的主动土压力，可按朗肯主动土压力公式计算：

$$p_a=\gamma z\tan^2\left(45°-\frac{\varphi}{2}\right)-2c\tan\left(45°-\frac{\varphi}{2}\right) \tag{3-1}$$

式中　p_a——朗肯主动土压力(kPa)；

γ——土的有效容重(kN/m^3)；

z——计算深度(m)；

c,φ——土的黏聚力(kPa)和内摩擦角(°)。

水中土压力计算采用水土分离的计算办法，此时土的容重为浮容重。根据岩土工程勘察报告，从河床面到封底混凝土顶部的范围内主要是粉砂，其参数为：饱和容重为 19.1 kN/m^3，浮容重为 9.1 kN/m^3，内摩擦角为 22°，没有黏聚力。

计算时的围堰外水位取五年一遇洪水位 27.86 m，以 46 号墩为例，从围堰顶部开始，考虑以下几个关键点：

(1)0～0.5 m(高程 28.36～27.86 m)

五年一遇洪水位以上部分，此范围内没有水，对钢板桩围堰的压力为零。

(2)0.5～9.06 m(高程 27.86～19.30 m)

河床面以上部分，此范围内只考虑水压力作用，这是水压力与深度成正比，最小值为零，在高程为 27.86 m 处；最大值为 85.6 kPa，在高程为 19.30 m 处。

(3)9.06～17 m(高程 19.30～11.36 m)

河床面以下部分，此范围内水压力和土压力都要考虑，且水土分开计算。对于该范围的水压力，同样取静水压力，最小值为 85.6 kPa，在高程为 19.30 m 处；最大值为 165 kPa，在高程为 11.36 m 处。对于该范围的主动土压力，与深度也成正比。根据主动土压力公式(3-1)可以得到，土压力最小值为 0，在高程为 19.30 m 处；最大值为 32.9 kPa，在高程为 11.36 m 处。

把此范围内水压力和土压力结合起来考虑，可以得到，两者之和最小值为85.6 kPa，在高程为 19.30 m 处；最大值为 197.9 kPa，在高程为 11.36 m 处。

2. 计算参数

为便于对比分析，建模时只考虑钢板桩和内支撑，材料的弹性模量和泊松比都取钢材的力学参数，弹性模量取为 210 GPa，泊松比取为 0.3。假设钢材模型为线弹性模型，由于钢板桩接缝以摩擦力控制，围堰刚度可按复合桩墙刚度的 1/2 计算。

3. 内支撑布置方案

在模拟分析时，钢板桩围堰内支撑位置的布置方案考虑四种设计：

方案 1 即颍河特大桥钢板桩围堰内支撑布置设计方案，以等弯矩布置为基础，结合施工的方便性，考虑承台施工时需要一定的空间，下层内支撑布置不能太密，需从上到下按一定的比例减小间距，对于悬臂长度 17 m 的超长钢板桩围堰内支撑，可按 1∶1∶0.933∶0.933∶0.833∶0.667 进行布置，如图 3-8 所示。

方案 2 按照等间距布置内支撑，如图 3-9 所示。

方案 3 按照等弯矩布置，如图 3-10 所示。

方案 4 按照等反力布置，如图 3-11 所示。

四种方案的作用荷载都一样，如图 3-7 所示。钢板桩顶部到第一层支撑位置固定不变，钢板桩计算长度从顶部到封底混凝土顶部位置为止。上面三层内支撑由 H 型钢 H40c 组成；下面三层内支撑由双拼 H 型钢 2H40c 组成；剪刀撑由角钢 L160×10 组成；竖撑由型钢 2[20a 组成。

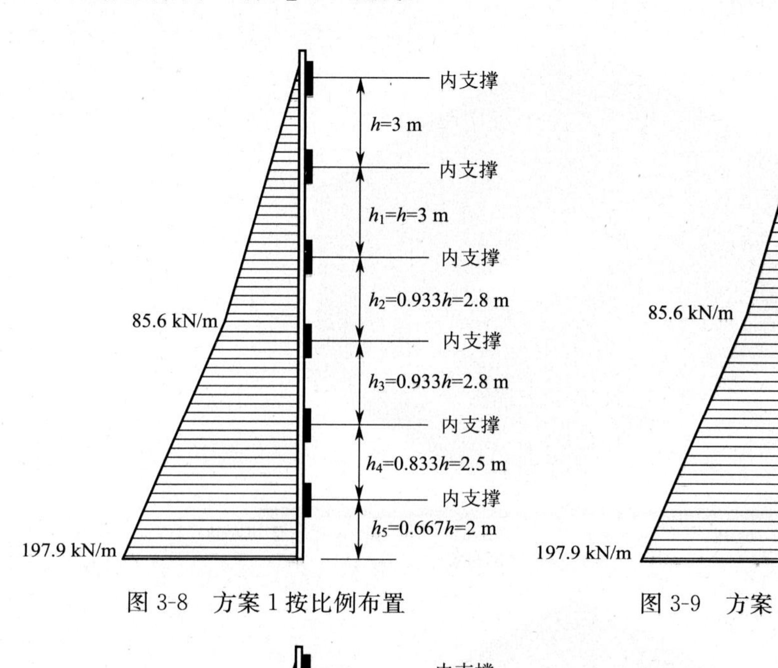

图 3-8 方案 1 按比例布置

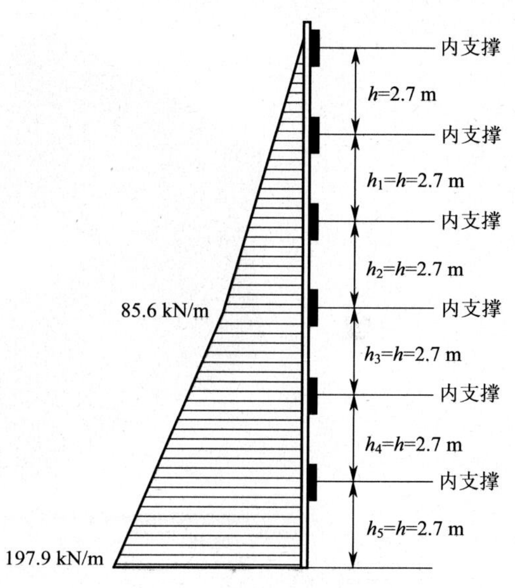

图 3-9 方案 2 等间距布置

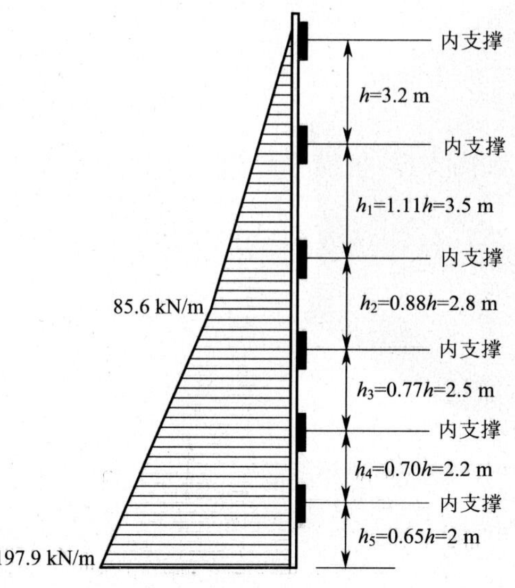

图 3-10 方案 3 等弯矩布置

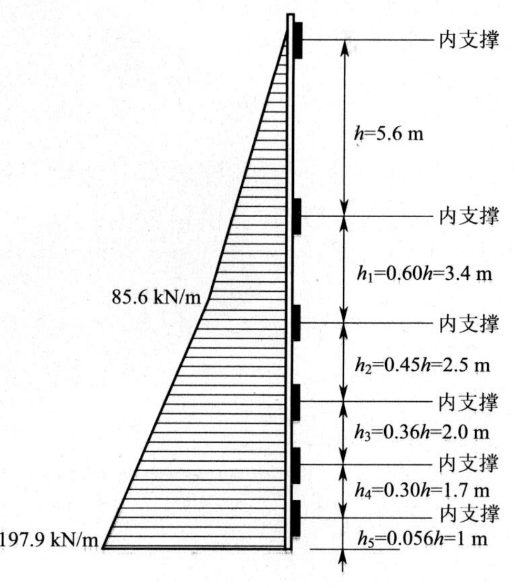

图 3-11 方案 4 等反力布置

4. 计算分析

(1)钢板桩变形

在相同荷载作用下，四种内支撑布置方案钢板桩围堰 X 方向的变形如图 3-12 所示，Z 方向的变形如图 3-13 所示。这里 X 方向垂直于钢板桩围堰的短边；Z 方向垂直于钢板桩围堰的长边。

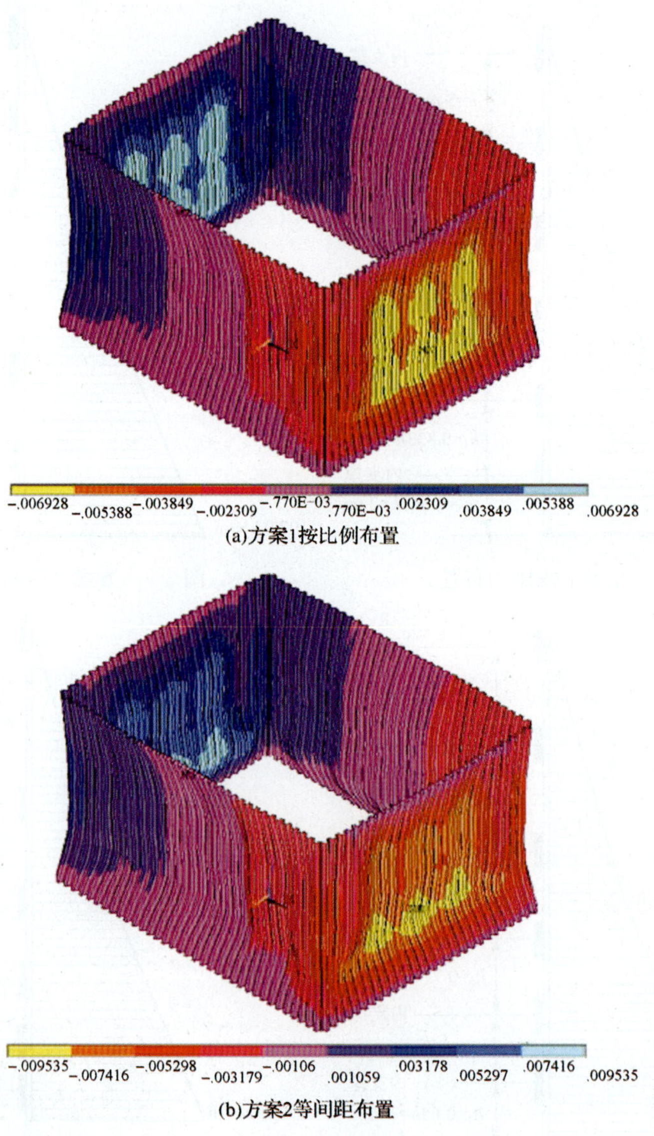

(a)方案1按比例布置

(b)方案2等间距布置

图 3-12

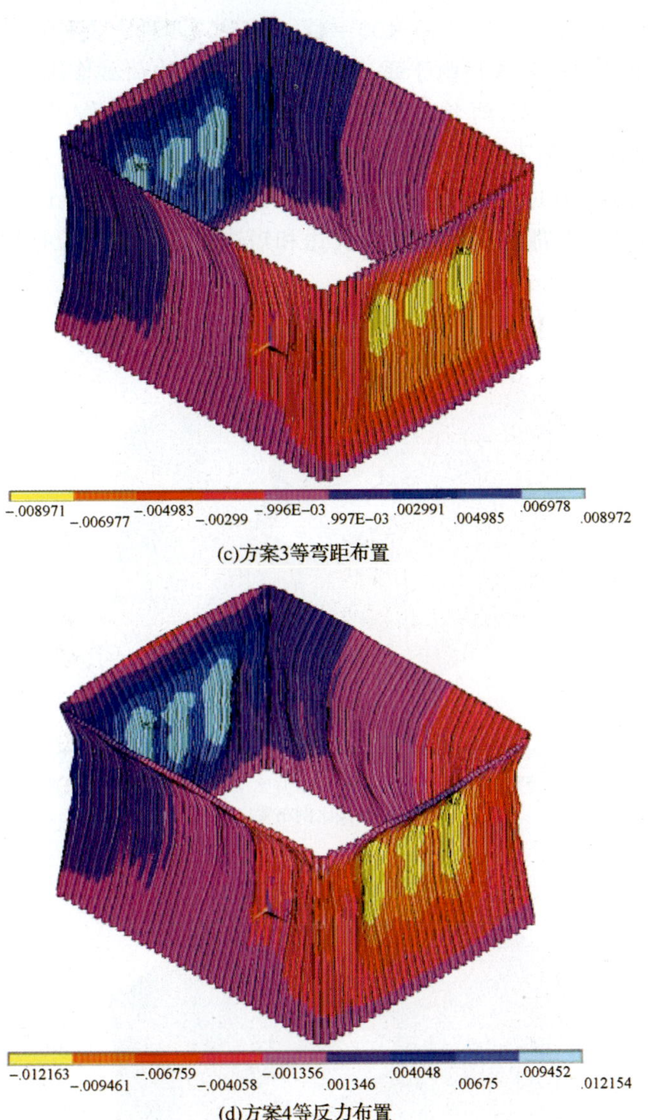

(c)方案3等弯距布置

(d)方案4等反力布置

图 3-12 钢板桩 X 方向的变形(单位:m)

从图 3-12 和图 3-13 可以看出,方案 1 的最大桩身变形基本位于钢板桩的桩身中间部分,而方案 2 的最大桩身变形位于钢板桩的下半部分,方案 3 和方案 4 的最大桩身变形位于钢板桩的上半部分,说明方案 1 的桩身变形整体比较均匀。四种方案对应的 X 方向最大桩身变形分别为 6.9 mm、9.5 mm、9.0 mm 和 12.2 mm,对应的 Z 方向最大桩身变形分别为 10.9 mm、12.5 mm、13.9 mm 和 18.2 mm,这些变形均小于桩身容许变形[$L/400$]=17 000/400=42.5 mm。四种方案中钢板桩 Z 方向的位移都大于 X 方向的位移，这是由于垂直于 Z 方向的长边荷载作用面积大于垂直于 X 方向的短边荷载作用面积，两者之比为 1.25。由于内支撑的作用导致变形沿着 X 方向或者 Z 方向出现凹凸不平的现象，无论是 X 方向位移或者 Z 方向位移，都在中间位置最大，这是由结构的受力特点确定的。从图 3-12 和图 3-13 还可以看出，沿着钢板桩长度方向，基本上都在钢板桩围堰长边和短边中心线上的位移比较大。

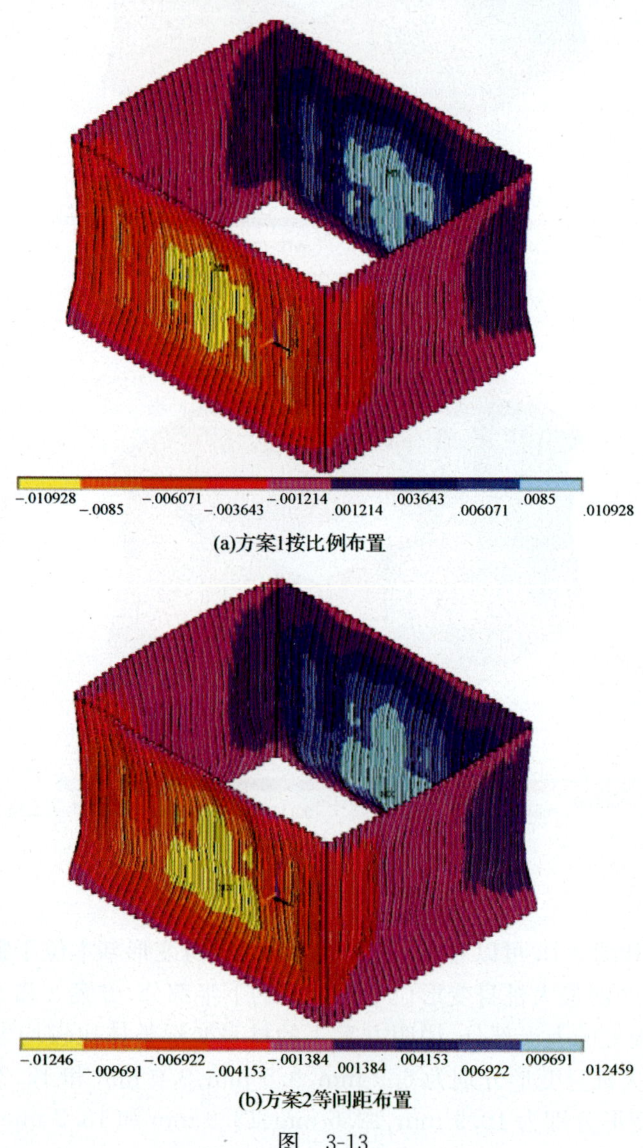

(a)方案1按比例布置

(b)方案2等间距布置

图　3-13

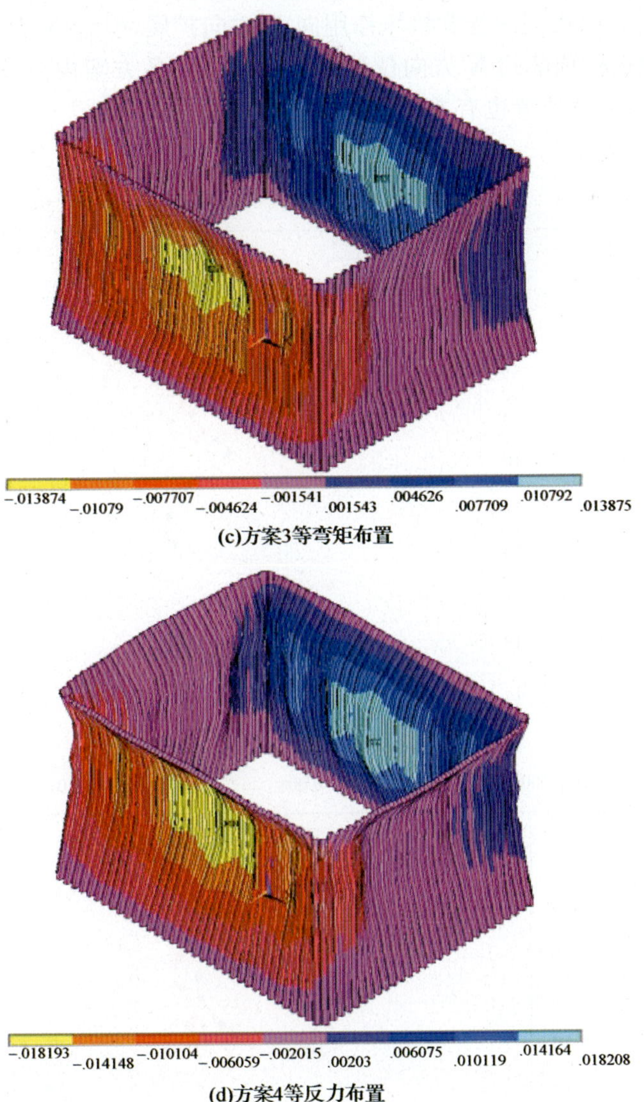

(c)方案3等弯矩布置

(d)方案4等反力布置

图 3-13　钢板桩 Z 方向的变形(单位:m)

钢板桩围堰中心线的最大变形随长度变化,如图 3-14 和图 3-15 所示。钢板桩长度方向以向下为正,顶部为坐标原点;位移以向围堰内部的变形为正。通过图 3-14和图 3-15 可知,由于钢板桩受到较大荷载作用,引起钢板桩中部向内发生较大变形。从图中还可以看出钢板桩顶部 Z 方向变形趋势与 X 方向变形趋势有一些不一样,主要在于钢板桩围堰是长方形的,垂直于 Z 方向作用面要大于垂直于 X 方向作用面,这样,在等压应力作用下,Z 方向作用面受到的力要大于 X 方向作用面受到的力，导致 Z 方向作用面受到挤压作用向 X 方向扩展，引起 X 方向作用面有向外膨胀的趋势，钢板桩顶部的 X 方向位移为负值。由于各方案内支撑的位置不一样，中心线变形的最大值位置也有差别。

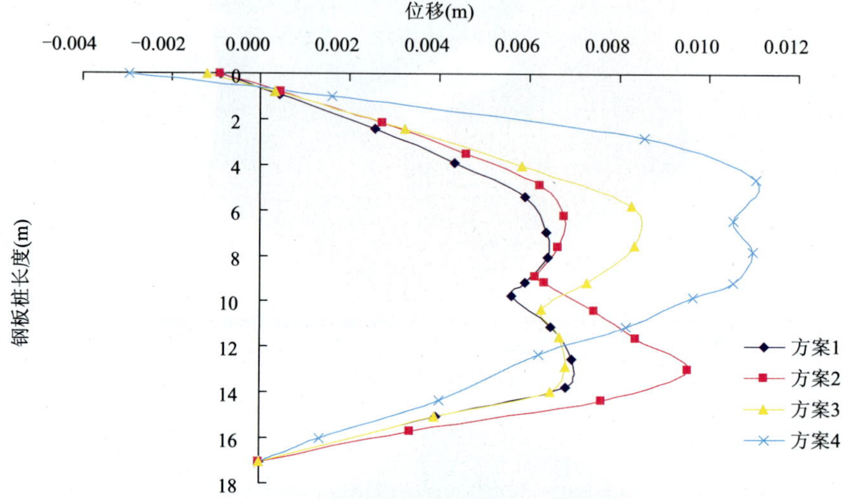

图 3-14　钢板桩 X 方向中心线的变形随长度的变化

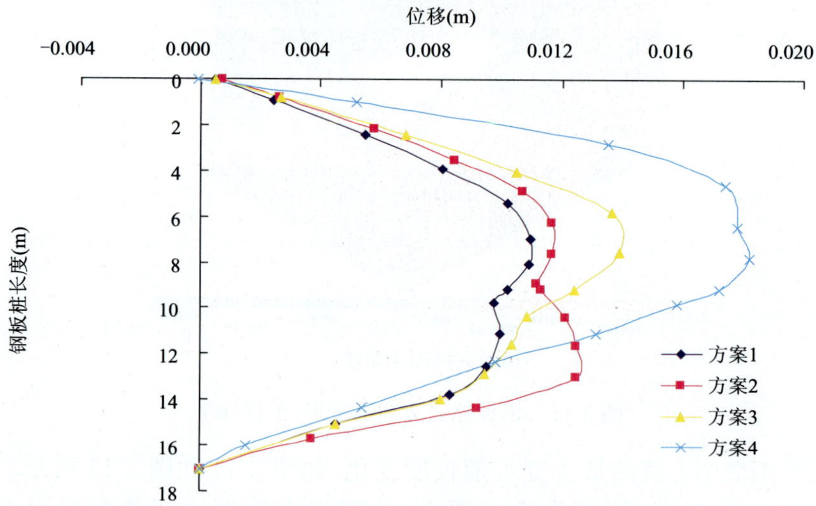

图 3-15　钢板桩 Z 方向中心线的变形随长度的变化

从以上四种方案钢板桩围堰中心线变形来看，无论是 X 方向还是 Z 方向，方案 1 变形最大值最小，方案 2 和方案 3 次之，方案 4 变形最大值最大。从钢板桩桩身变形来看，宜选用方案 1。

(2)钢板桩等效应力

通过钢板桩的等效应力来判断钢板桩围堰的稳定性也比较关键，等效应力反映了钢板桩材料的受力情况。以下给出四种方案下钢板桩等效应力的分布情况，如图 3-16所示。

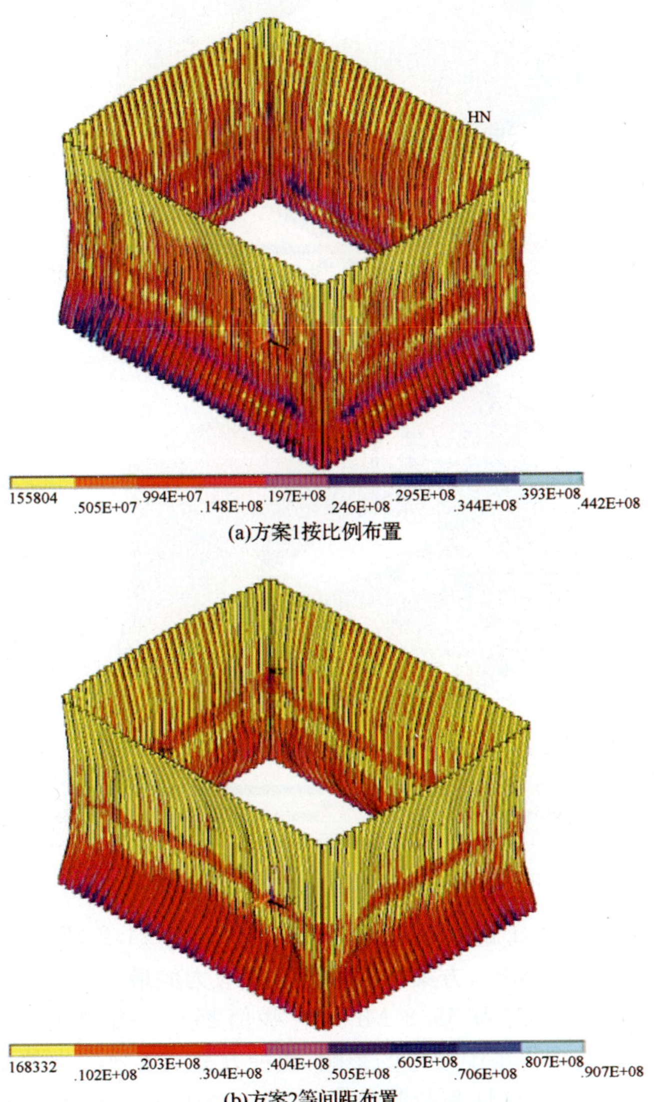

(a)方案1按比例布置

(b)方案2等间距布置

图　3-16

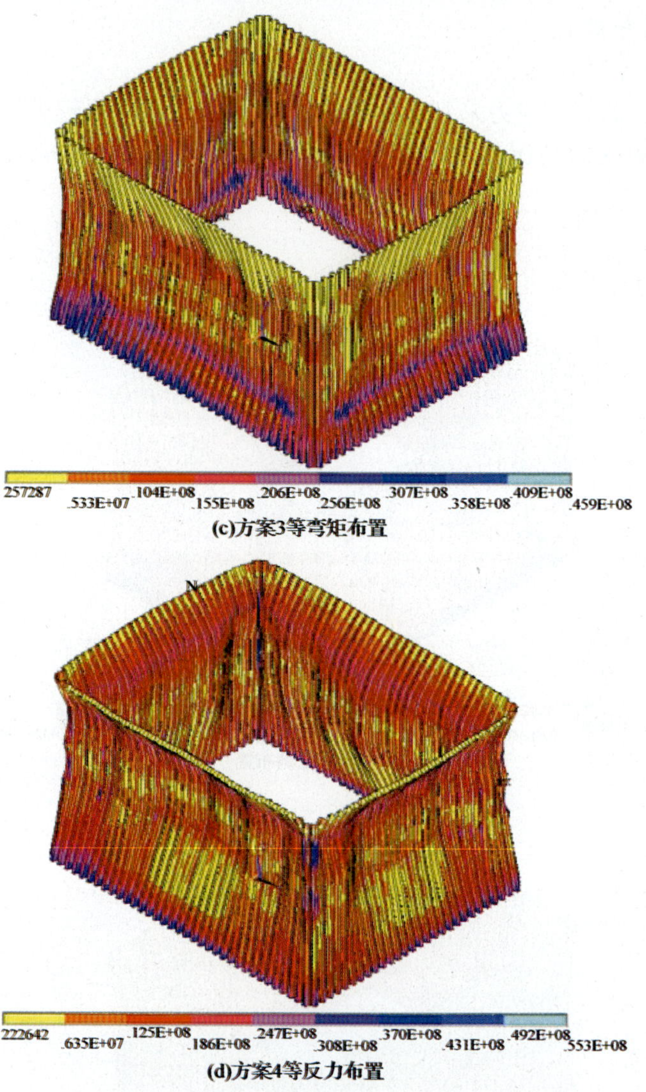

(c)方案3等弯矩布置

(d)方案4等反力布置

图 3-16　钢板桩等效应力分布图(单位:Pa)

由图 3-16 可知,方案 1 钢板桩等效应力的最大值为 44.2 MPa,方案 2 钢板桩等效应力的最大值为 90.7 MPa,方案 3 钢板桩等效应力的最大值为 45.9 MPa,方案 4 钢板桩等效应力的最大值为 55.3 MPa,这些值都小于钢板桩材料的容许应力 200 MPa。由于边角处应力集中效应的影响,四种方案下等效应力的最大值都集中在四个角边。考虑到模型对称性和荷载对称性,取一个角边为研究对象来探讨等效应力沿钢板桩长度的分布规律。四种方案的边角处钢板桩等效应力随长度的变化关系如图 3-17 所示。

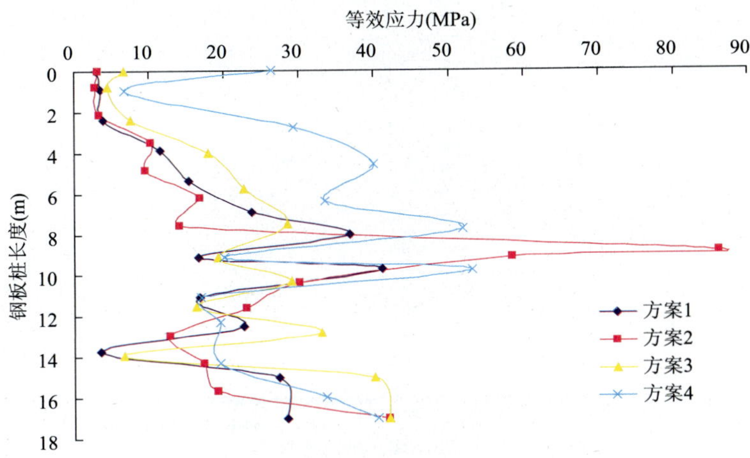

图 3-17 边角处的钢板桩等效应力随深度的变化关系

通过图 3-17 可以看出，由于内支撑的作用，钢板桩等效应力随深度的变化关系出现了很多转折点。因为各方案内支撑的位置不一样，转折点的位置也不一样。比较钢板桩等效应力随深度的变化图以及前面的图 3-16 可知：方案 1 对应于钢板桩的等效应力最大值最小，其次为方案 3 和方案 4，方案 2 对应于钢板桩的等效应力最大值最大。从钢板桩等效应力分析来看，方案 1 较好，而不宜选用方案 2。

(3)围檩和内支撑轴向应力

为判断各个方案下围檩和内支撑受力是否满足要求，特给出四种方案下围檩和内支撑轴向应力的分布情况，如图 3-18 所示。

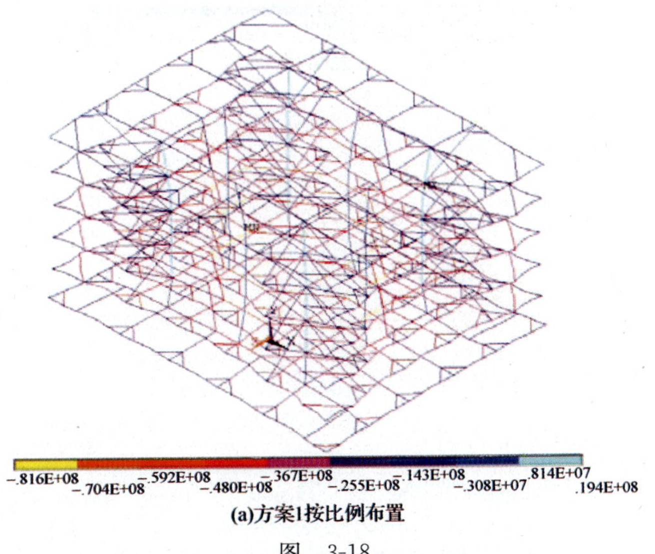

(a)方案1按比例布置

图 3-18

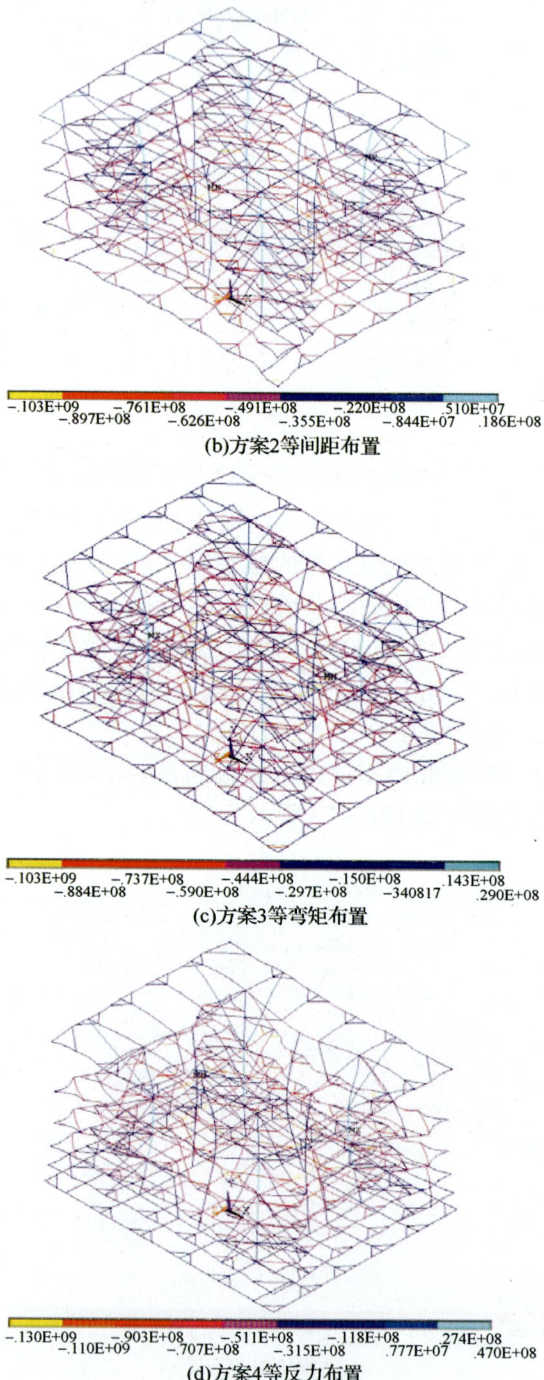

(b)方案2等间距布置

(c)方案3等弯矩布置

(d)方案4等反力布置

图 3-18 围檩和内支撑轴向应力分布图(单位:Pa)

从图 3-18 可以看出，方案 1 围檩和内支撑轴向应力的最大值为 81.6 MPa，方案 2 围檩和内支撑轴向应力的最大值为 103 MPa，方案 3 围檩和内支撑轴向应力的最大值为 103 MPa，方案 4 围檩和内支撑轴向应力的最大值为 130 MPa。这些值都小于围檩和内支撑钢材的容许应力 145 MPa。对比四种方案可以看出，方案 1 对应于围檩和内支撑的轴向应力最大值最小，其次为方案 2 和方案 3，方案 4 对应于围檩和内支撑的轴向应力最大值最大。从围堰和内支撑轴向应力的分析来看，方案 1 最优，不宜选用方案 4。

(4)合理内支撑布置方案的确定

根据以上模拟分析的结果，从钢板桩的桩身变形来看，宜选用方案 1，不宜选用方案 4；从钢板桩的等效应力来考虑，宜选用方案 1，不宜选用方案 2；从围檩和内支撑的轴向应力来分析，宜选用方案 1，不宜选用方案 4。综合上述因素，在选择钢板桩围堰内支撑布置时，按方案 1 的内支撑布置间距进行结构设计较合理。颍河特大桥深水基础钢板桩围堰内支撑的布置间距就是按照方案 1 的规律进行设计的。

3.3 小　结

一般来说，内支撑的布置采用等弯矩的方式，钢板桩的强度利用率最高，但各层围檩和内支撑的断面不等，越向下越大，施工复杂；而采用等反力的布置方式，各层围檩和内支撑的断面基本一致，但钢板桩受力较大。相比于等间距、等弯矩和等反力的布置方式，超长钢板桩围堰内支撑布置的合理间距可以等弯矩布置原则为基础，同时考虑承台施工的方便性，从上到下按一定比例逐渐减小。以颍河特大桥深水基础为例，对于承台底面以上钢板桩悬臂长度为 17 m 的围堰来说，内支撑布置间距比例宜为 1∶1∶0.933∶0.933∶0.833∶0.667，在该布置方案下，钢板桩的最大桩身变形、钢板桩的等效应力最大值、围檩和内支撑轴向应力的最大值均相对最小。

4　超长钢板桩围堰施工安全分析

对于钢板桩围堰而言，合理的施工方案至关重要，它关系到钢板桩围堰的施工安全、施工工期、钢板桩围堰施工全过程成本。目前钢板桩围堰的设计计算大多采用平面几何模型及简化力学模型，不能反映施工全过程的力学响应，而考虑钢板桩、内支撑和土层相互作用的有限元分析法对施工过程的模拟是合理的。

本章以颍河特大桥深水基础超长钢板桩围堰施工实践为例，对超长钢板桩围堰施工方案进行了探讨。通过建立钢板桩、内支撑和土层的三维整体有限元模型，对钢板桩围堰施工过程进行模拟；选择了四种施工方案，对比分析了不同施工方案下土层的变形、钢板桩变形和应力分布以及内支撑的受力情况；对静水条件和流水条件下实际施工方案进行施工过程模拟分析，总结施工过程中土层、钢板桩和内支撑的变形与应力变化规律，为深水基础超长钢板桩围堰的安全施工提供了依据。

4.1　超长钢板桩围堰有限元模型

4.1.1　模型建立

由于钢板桩围堰在施工时与周围土体之间有相互作用，对钢板桩围堰结构的计算分析应建立钢板桩、围檩、内支撑和土体之间共同作用的三维整体模型。考虑到围堰开挖对周围土体的影响，模型侧面边界到钢板桩的距离不小于围堰深度的 3 倍。土体三维有限元模型的边界范围水平方向（X 方向，即钢板桩围堰的长度方向）取为 196 m，纵向（Z 方向，即钢板桩围堰的宽度方向）取为 190 m，竖直方向（Y 方向，即钢板桩围堰的深度方向）取为 40 m。以 46 号墩为研究对象，根据地质勘察报告，土层的计算模型从上到下划分为 9 层，如图 4-1 所示。

为了合理模拟钢板桩围堰施工过程，须对钢板桩围堰各个部分构件选取合适的单元进行模拟。在颍河特大桥深水基础超长钢板桩围堰模拟分析中，钢板桩采用 ANSYS 软件中壳单元 shell63 来模拟，围檩、内支撑和加劲肋采用梁单元 beam188 进行模拟，土层采用三维实体单元 solid45 来模拟。

考虑钢板桩、围檩、内支撑和土层之间共同作用的三维整体有限元模型共划分单元 113 520 个，其中土体单元 104 080 个，钢板桩单元 7 112 个，围檩和内支撑单元 2 328 个，模型如图 4-2 所示，钢板桩的有限元网格如图 4-3 所示，钢板桩的有限元网格局部放大如图 4-4 所示，围檩和内支撑有限元网格如图 4-5 所示。

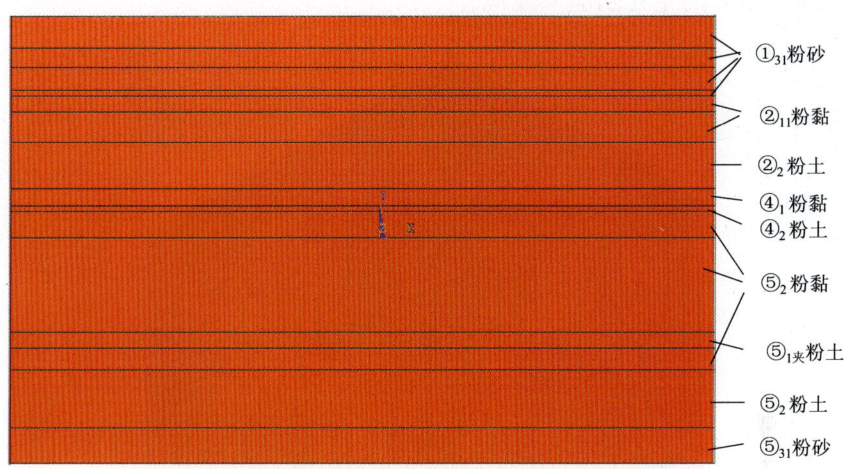

图 4-1　46 号墩土层划分

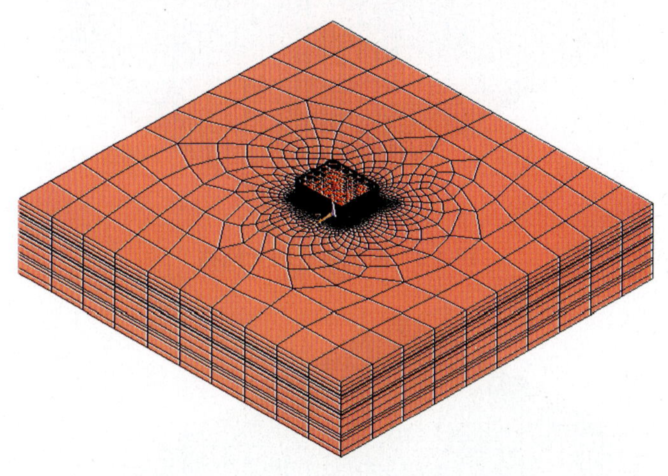

图 4-2　钢板桩围堰整体有限元模型

计算时采用的边界条件为：模型的侧面边界分别受到 X 轴和 Z 轴方向的水平位移约束；模型的下部边界受到 Y 轴方向的竖向位移约束；河床表面为自由边界，不受任何约束。

模型的初始状态，对土层在自重应力条件下进行求解，然后对位移清零。再设置钢板桩进行稳定求解，得到钢板桩插打合龙以后的状态。在模拟抽水吸泥施加各层支撑时，采用 ANSYS 软件生死单元功能按照各层支撑的施工顺序，依次激活各层支撑，实现对各层支撑的模拟。每一层支撑是在钢板桩变形以后施加上去的，通过改变节点坐标的大小来实现。抽水引起的水位变化采用水压力施加给钢板桩来计算，吸泥开挖采用土单元的生死功能来模拟。

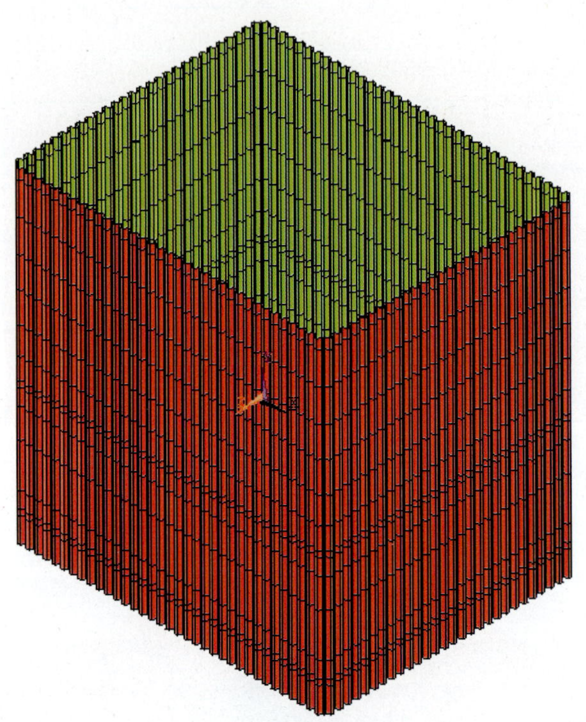

图 4-3　钢板桩有限元网格

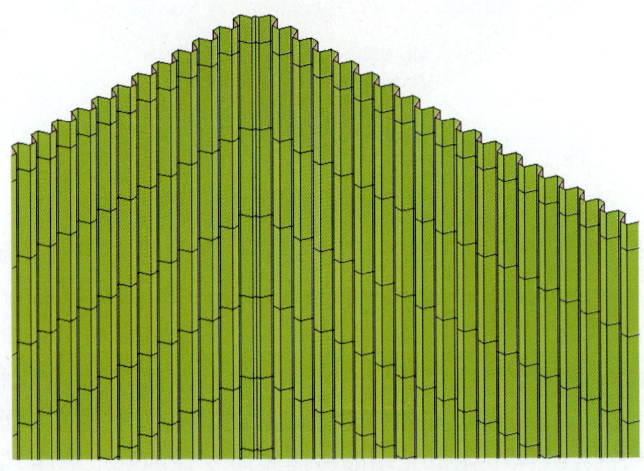

图 4-4　钢板桩有限元网格局部放大

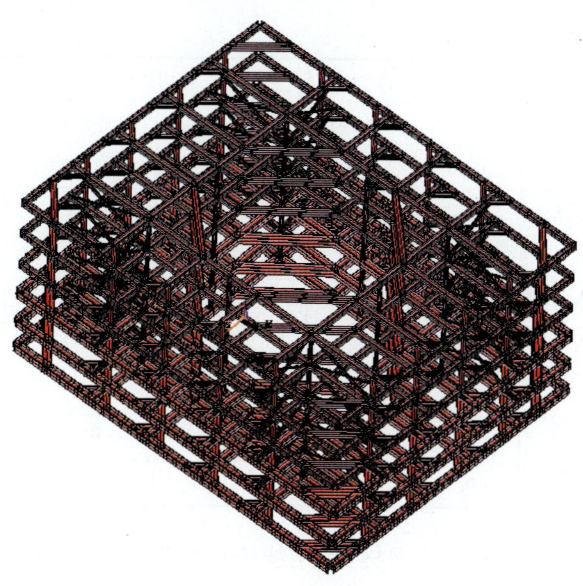

图 4-5　围檩和内支撑有限元网格

4.1.2　计算参数确定

钢板桩、围檩和内支撑按理想弹性材料来模拟，土层采用 Drucker-Prager 弹塑性模型来模拟。土层的物理力学参数根据地质勘察报告选取，如表 4-1 所示。其中，土的变形模量根据地质资料的压缩模量换算得到，换算公式为：

$$E=\left(1-\frac{2\mu^2}{1-\mu}\right)E_s \tag{4-1}$$

式中　E_s——压缩模量；

E——变形模量；

μ——泊松比。

需要指出的是，土体压缩模量的大小与其所处的应力状态有关。由于地质勘察报告给出的压缩模量有 $E_{s0.05\sim0.1}$ 和 $E_{s0.1\sim0.2}$，这里为了分析的方便，数值模拟过程中简化取 $E_{s0.1\sim0.2}$ 进行计算。土层的泊松比取值根据土性分类并参考《土的工程分类标准》(GB/T 50145—2007)规定选取。

表 4-1　土层的物理力学参数

层号	岩性	重力密度 (kN/m³)	饱和容度 (kN/m³)	浮容重 (kN/m³)	剪切指标		变形模量 (MPa)	泊松比
					黏聚力(kPa)	内摩擦角(°)		
①$_{31}$	粉砂	19.1	19.1	9.1	0	22	8.10	0.28

续上表

层号	岩性	重力密度 (kN/m³)	饱和容度 (kN/m³)	浮容重 (kN/m³)	剪切指标		变形模量 (MPa)	泊松比
					黏聚力(kPa)	内摩擦角(°)		
②11	粉黏	19.4	19.6	9.6	34.6	14.3	3.77	0.30
②2	粉土	19.8	19.82	9.82	15.9	14.3	3.45	0.31
④1	粉黏	19.6	19.76	9.76	37.9	13.1	3.75	0.33
④2	粉土	19.9	20.2	10.2	10.6	23.6	6.6	0.32
⑤1	粉黏	19.8	19.89	9.89	36.8	14.9	4.07	0.34
⑤1夹	粉土	20.3	20.53	10.53	6	33.7	5.34	0.31
⑤2	粉土	20.3	19.9	9.9	24.4	23.7	4.67	0.31
⑤31	粉砂	19.1	19.1	9.1	0	22	8.10	0.28

钢板桩、围檩和内支撑都是钢材，采用线弹性模型，弹性模量取为 210 GPa，泊松比取为 0.3。钢板桩采用拉森Ⅳ型，长度 30.0 m，材质为 Q345，截面模量 $W=2\ 037\ cm^3$，设计应力容许值$[\sigma]=200$ MPa。围檩和内支撑采用钢材材质为 Q235B，设计应力容许值$[\sigma]=145$ MPa，焊接选用 E43 系列焊条，一律满焊。

C20 封底混凝土也假设为线弹性模型，根据《混凝土结构设计规范》(GB 50010—2002)，混凝土的弹性模量取为 25.5 GPa，泊松比取为 0.2。

4.2 超长钢板桩围堰内支撑施工方案

在钢板桩围堰内部支撑系统的施工过程中，不同的封底混凝土施作时机，对结构安全和施工工期影响较大。如何选择合理的施工方案，是超长钢板桩围堰安全施工首先需要解决的问题之一。

4.2.1 内支撑施工方案模拟

依据封底混凝土施工的时机不同，可将施工方案设计成以下四种：

方案 1：根据颍河特大桥桥址处的地质条件，承台底面以下为硬塑粉质黏土层，钢板桩在承台底面以下入土深度 13 m，在确保基坑开挖安全的前提下，可逐层抽水吸泥并依次施加内支撑直至第六道支撑，不考虑封底混凝土施工，能加快施工进度。具体过程为：

(1)钢板桩插打完毕后，安装第一道内支撑，支撑中心线高程 27.46 m。

(2)安装好第一道内支撑后，围堰内抽水至高程 23.56 m 处，安装第二道内支撑及剪刀撑和竖撑，支撑中心线高程为 24.46 m。

(3)安装好第二道内支撑后，围堰内抽水至高程 20.56 m 处，安装第三道内支撑及剪刀撑和竖撑，支撑中心线高程为 21.46 m。

(4)安装好第三道内支撑后，围堰内抽水并吸泥至高程 17.76 m 处(46 号墩河床面高程 为 19.3 m)，安装第四道内支撑及剪刀撑和竖撑，支撑中心线高程为 18.66 m。

(5)安装好第四道内支撑后，围堰内抽水并吸泥至高程 14.96 m 处，安装第五道内支撑及剪刀撑和竖撑，支撑中心线高程为 15.86 m。

(6)围堰内抽水并吸泥至高程 12.46 m 处，安装第六道内支撑，支撑中心线高程为 13.36 m。

(7)安装好第六道内支撑后，围堰内抽水并吸泥至承台底部，不考虑封底混凝土的施工。

(8)在碎石垫层上进行承台下半部分浇筑施工。当承台下半部分施工完毕后，拆除第六道支撑，然后进行上部承台的钢筋绑扎和混凝土浇筑。

方案 2：在逐层抽水吸泥并施加内支撑到第五道支撑后，水中对基坑进行吸泥开挖，开挖至设计承台底面高程以下 2 m 的位置时，采用 2 m 厚度的 C20 混凝土进行水下封底混凝土施工。然后抽水至高程 12.46 m 处，安装第六道内支撑，支撑中心线高程为13.36 m。安装好第六道内支撑后，围堰内抽水至承台底部，进行承台下半部分浇筑施工。当承台下半部分施工完毕后，拆除第六道支撑，然后进行上部承台的钢筋绑扎和混凝土浇筑。

方案 3：在逐层抽水并施加内支撑到第三道支撑后(河床面在第三道至第四道支撑之间)，水中对基坑进行吸泥开挖，开挖至设计承台底面高程以下 2 m 的位置时，采用2 m厚度的 C20 混凝土进行水下封底混凝土施工。然后抽水至高程 17.76 m 处，安装第四道内支撑及剪刀撑和竖撑。接着围堰内抽水至高程 14.96 m 处，安装第五道内支撑及剪刀撑和竖撑。然后围堰内抽水至高程 12.46 m 处，安装第六道内支撑，支撑中心线高程为 13.36 m。最后围堰内抽水至承台底部，进行承台下半部分浇筑施工。当承台下半部分施工完毕后，拆除第六道支撑，然后进行上部承台的钢筋绑扎和混凝土浇筑。

方案 4：在施加第一道内支撑后，水中对基坑进行吸泥开挖，开挖至设计承台底面高程以下 2 m 的位置时，采用 2 m 厚度的 C20 混凝土进行水下封底混凝土施工；然后围堰内抽水至高程 23.56 m 处，安装第二道内支撑及剪刀撑和竖撑。安装好第二道内支撑后，围堰内抽水至高程 20.56 m 处，安装第三道内支撑及剪刀撑和竖撑。接着抽水至高程 17.76 m 处，安装第四道内支撑及剪刀撑和竖撑。然后围堰内抽水至高程 14.96 m 处，安装第五道内支撑及剪刀撑和竖撑。围堰内抽水至高程 12.46 m处，安装第六道内支撑，支撑中心线高程为 13.36 m。最后围堰内抽水至承台底部，进行承台下半部分浇筑施工。当承台下半部分施工完毕后，拆除第六道支撑，进行上部承台的钢筋绑扎和混凝土浇筑。

4.2.2 计算结果分析

为了便于对比，对计算结果进行分析时，选取最后一个工况（即施工承台下半部分并拆除第六道内支撑）的计算结果，分别从土层变形、钢板桩桩身变形及其等效应力、围檩和内支撑轴向应力等几个方面，探讨钢板桩围堰的内支撑合理施工方案。计算过程中，每道围檩和内支撑是在上一施工步钢板桩变形以后施加的，变形分布计算云图反映的是这一个施工步的计算结果；数据处理时，把前面各个施工步的计算结果累加后所得到的累计结果。

1. 土层变形分析

在钢板桩围堰施工过程中，会对土层产生很大的扰动。下面给出各种施工方案下，承台下半部分施工完成后，土层 X 方向和 Z 方向最后一个施工步的变形计算分布情况，分别如图 4-6 和图 4-7 所示。

从图 4-6 和图 4-7 可以看出，四种施工方案，土层 Z 方向的位移都是大于 X 方向的位移。从土层变形的变化区域可以看出，在建立模型时所取的土层的长度、宽度和深度的范围是合适的。图中显示，土层位移最大值基本上都在钢板桩与土层接触处的中心线位置。为比较四种方案下土层位移沿着深度的分布，可绘出中心线土层 X 方向的最终变形和 Z 方向的最终变形随深度的变化关系，如图 4-8 和图 4-9 所示。土层的深度方向以向下为正，取河床面为坐标原点，位移以向钢板桩围堰内部变形为正。由于模拟计算时要考虑到施工过程，所以这里的变形是累计变形。

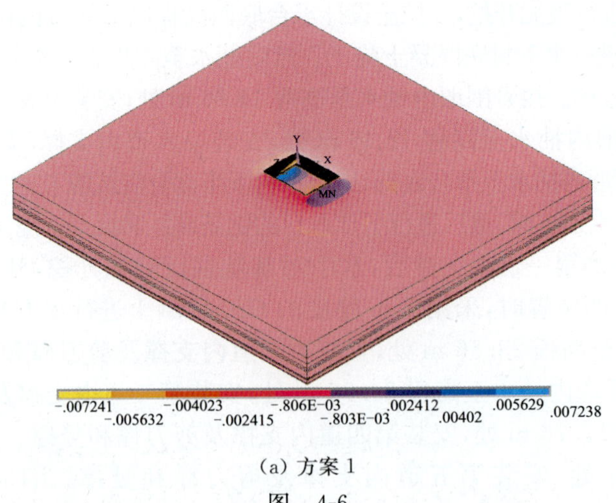

(a) 方案 1

图 4-6

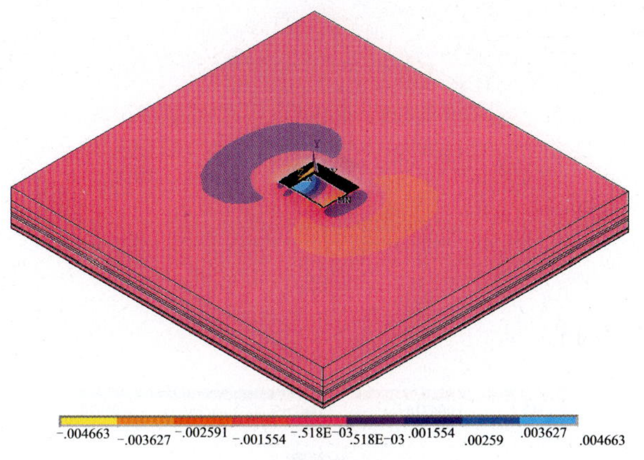

(b) 方案 2

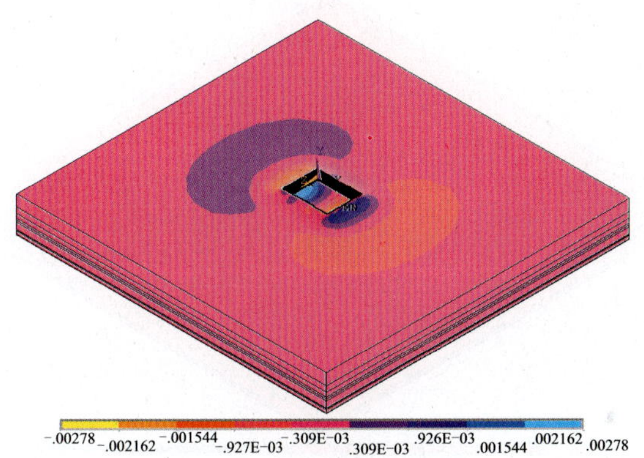

(c) 方案 3

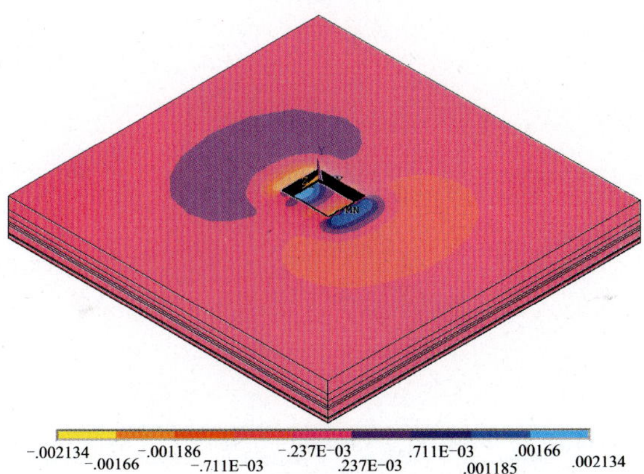

(d) 方案 4

图 4-6　不同方案土层 X 方向变形分布(单位:m)

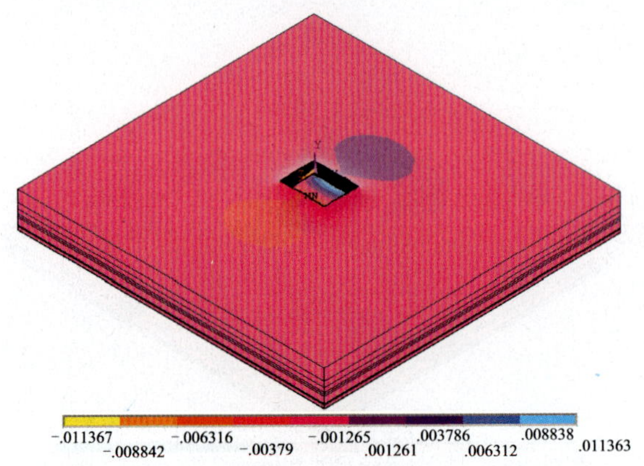

(a) 方案 1

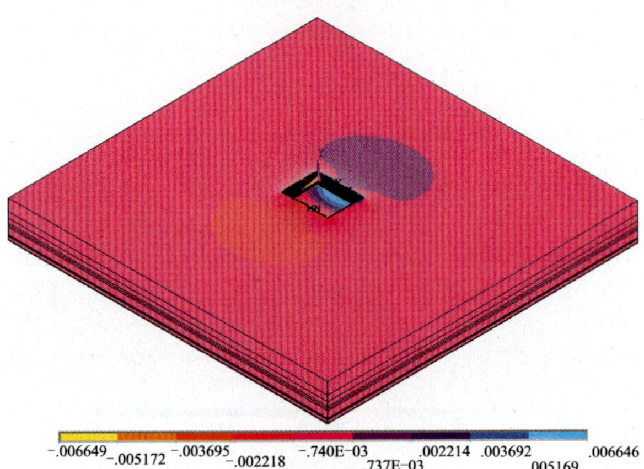

(b) 方案 2

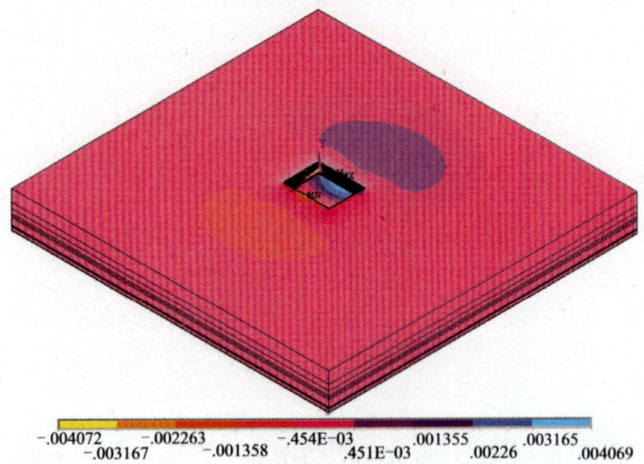

(c)方案 3

图　4-7

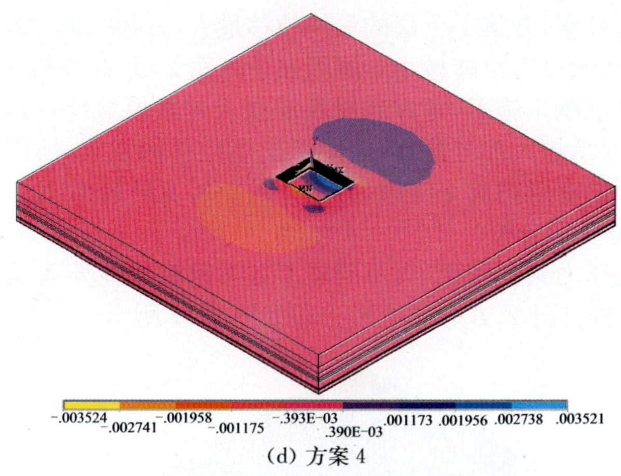

(d) 方案 4

图 4-7　不同方案土层 Z 方向变形分布(单位:m)

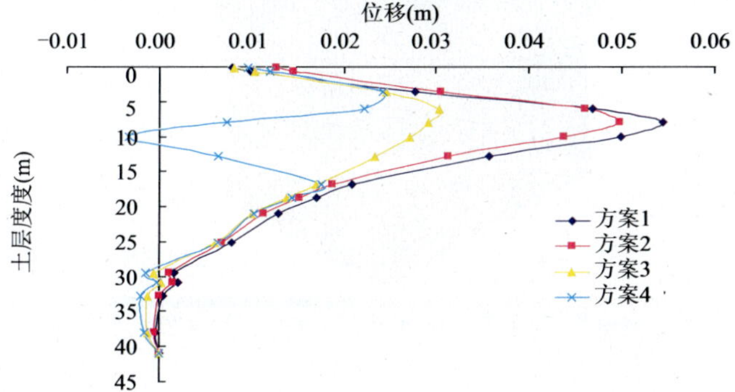

图 4-8　不同方案土层 X 方向的变形随深度的变化

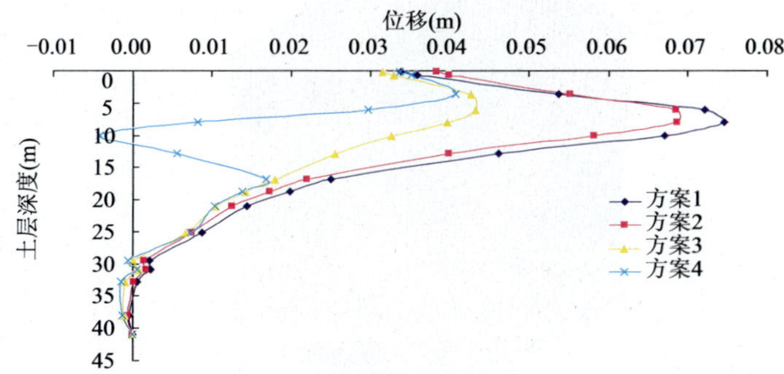

图 4-9　不同方案土层 Z 方向的变形随深度的变化

通过分析图 4-8 和图 4-9 可知,不同施工方案下土层顶部的变形比较接近;深度在 5～10 m 范围内方案 1、方案 2 和方案 3 位移最大;四种方案底层位移的差别非常小。比较四种施工方案，方案 1 土层的最终位移最大，方案 2 和方案 3 土层的最终位移次之，方案 4 土层的最终位移最小。原因在于方案 2、方案 3 和方案 4 在不同施工阶段都进行了封底混凝土施工，考虑到封底混凝土弹性模量要远远大于土层的弹性模量，这样混凝土要承担大部分荷载，阻碍了土层位移的发展，所以土层的变形相对就比较小。从土层的变形情况来考虑，方案 4 的土层变形最小。

2. 钢板桩桩身变形分析

在水压力和土压力共同作用下，不同施工方案钢板桩桩身 X 方向的变形分布如图 4-10 所示，钢板桩桩身 Z 方向的变形分布如图 4-11 所示。

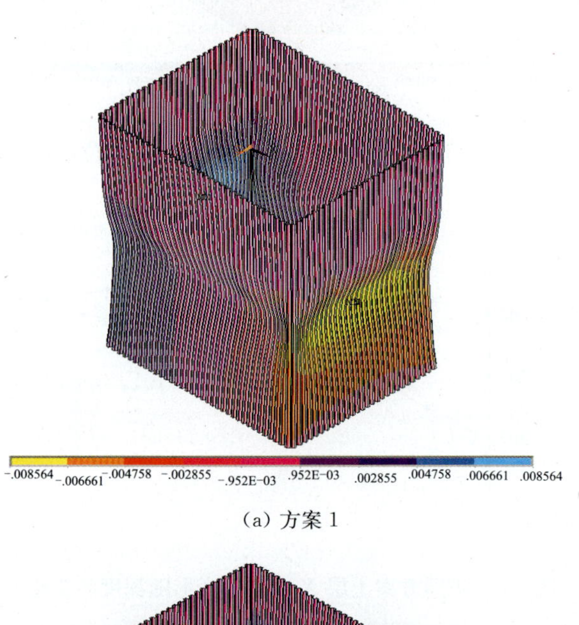

(a) 方案 1

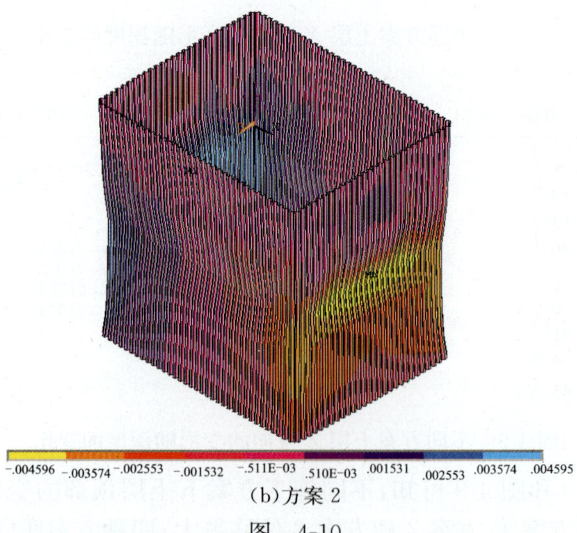

(b)方案 2

图 4-10

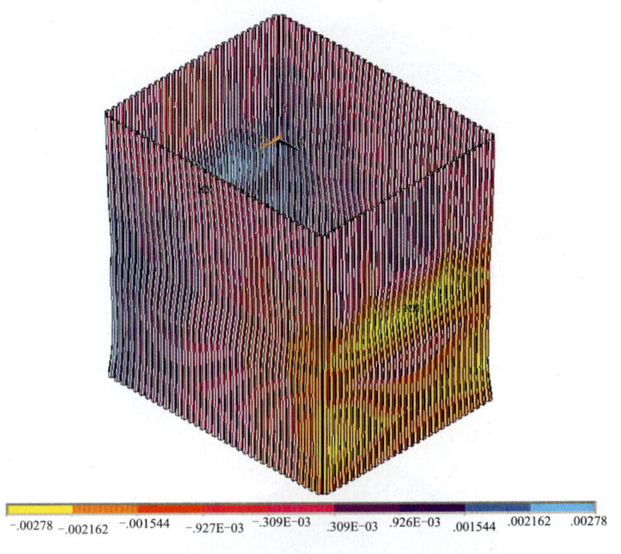

(c) 方案 3

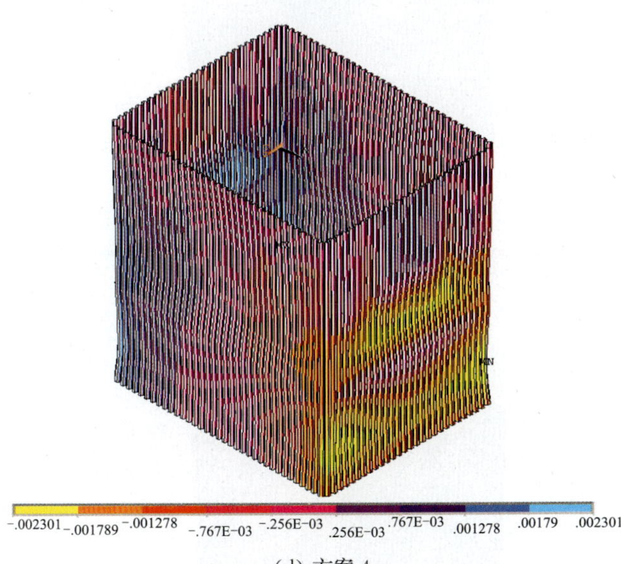

(d) 方案 4

图 4-10　钢板桩桩身 X 方向变形(单位:m)

从图 4-10 和图 4-11 可以看出,四种施工方案下,钢板桩 Z 方向的最大位移都是大于 X 方向的最大位移。由于内支撑的作用导致钢板桩桩身变形沿着 X 方向或者 Z 方向出现凹凸不平的现象,是因为各层内支撑和围檩作用的影响。从图中还可以发现,没有进行水下混凝土封底施工的方案 1 最大桩身变形在钢板桩的中部靠下的位置,而进行水下混凝土封底的其他三个方案桩身变形较为复杂,形成了上下两个较大变形的区域。

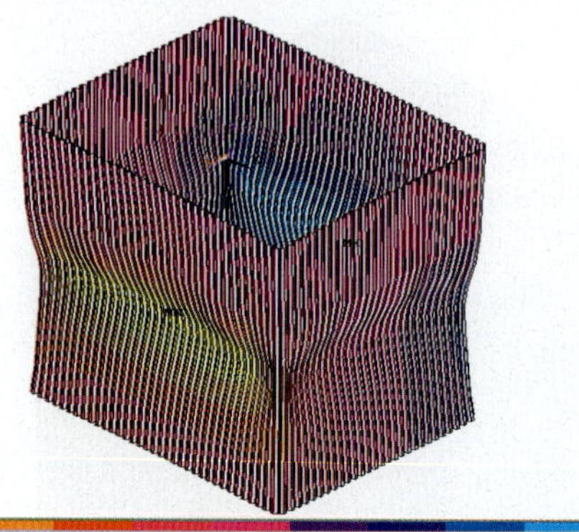

(a) 方案 1

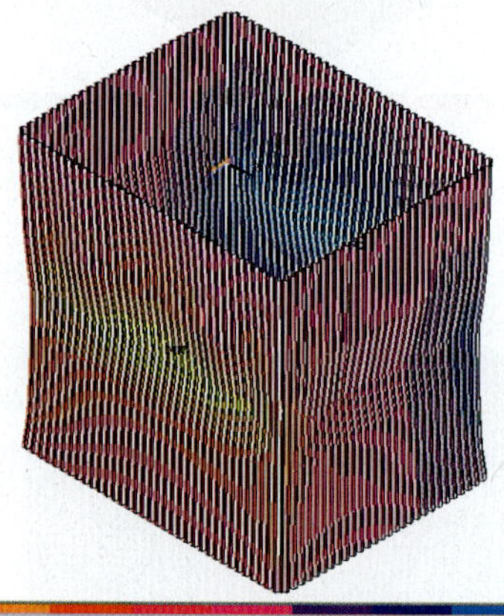

(b) 方案 2

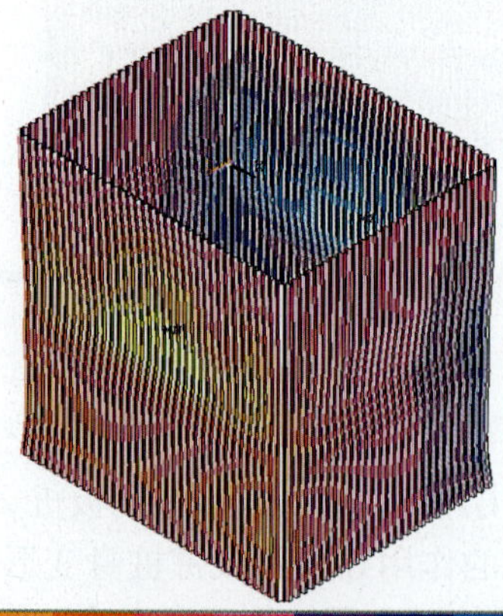

(c) 方案 3

图 4-11

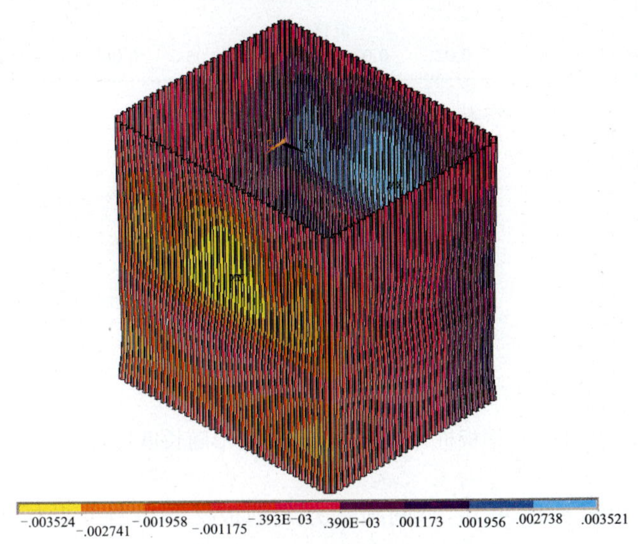

(d)方案 4

图 4-11　钢板桩桩身 Z 方向变形(单位:m)

从图 4-10 和图 4-11 还可以看出,沿着钢板桩长度方向,基本上都在钢板桩围堰长边和短边的中心线上位移比较大。为比较四种施工方案钢板桩桩身位移沿着桩长的分布情况,可绘出钢板桩 X 方向中心线和 Z 方向中心线的变形随钢板桩长度的变化关系,分别如图 4-12 和图 4-13 所示。钢板桩的长度方向以向下为正,取顶部为坐标原点,位移以向钢板桩围堰内部变形为正。

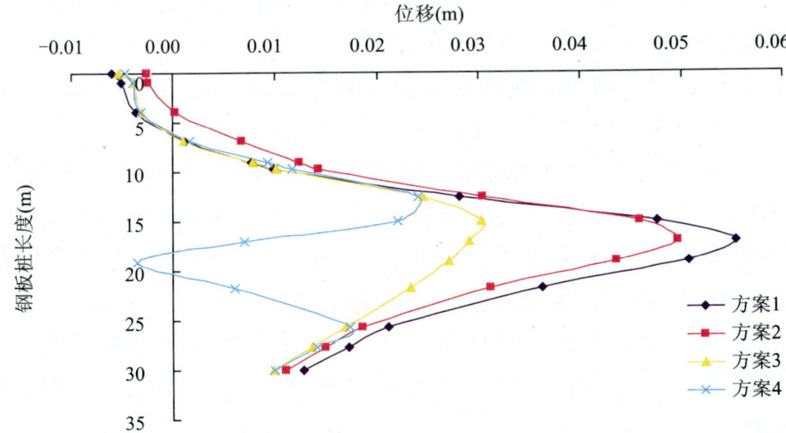

图 4-12　钢板桩 X 方向中心线的变形随长度的变化

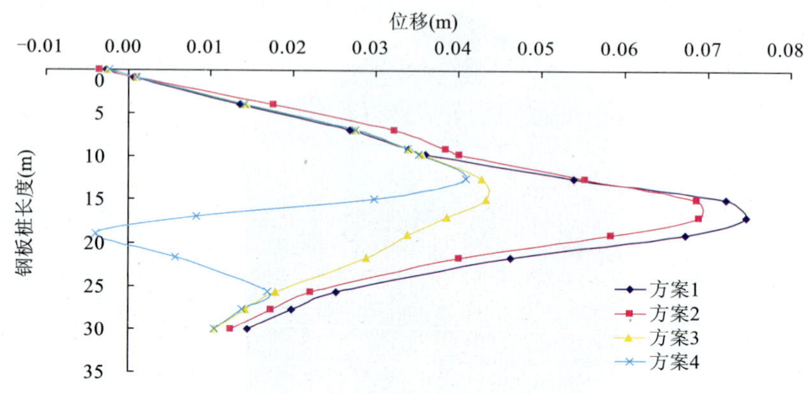

图 4-13 钢板桩 Z 方向中心线的变形随长度的变化

对比图 4-12 和图 4-13 可知，不同施工方案钢板桩的桩身变形相差很大。方案 1 的最终变形是方案 2 的最终变形的一倍多，是方案 3 的最终变形的 1.5 倍左右，是方案 4 的最终变形的两倍左右；并且 Z 方向的最终变形要大于 X 方向的最终变形。这是由于封底混凝土弹性模量要远远大于土层的弹性模量，导致方案 2、方案 3 和方案 4 的变形曲线与方案 1 相差比较大。

从图 4-12 得到，方案 1 下 X 方向中心线的变形最大值为 5.54 cm；方案 2 下 X 方向中心线的变形最大值为 4.98 cm；方案 3 下 X 方向中心线的变形最大值为 3.03 cm；方案 4 下 X 方向中心线的变形最大值为 2.41 cm。这些值都小于允许变形值$[L/400]=3\ 000/400=7.50$ cm。

由图 4-13 可知，方案 1 下 Z 方向中心线的变形最大值为 7.45 cm；方案 2 下 Z 方向中心线的变形最大值为 6.87 cm；方案 3 下 Z 方向中心线的变形最大值为 4.34 cm；方案 4 下 Z 方向中心线的变形最大值为 4.08 cm。这些值也都小于允许变形值$[L/400]=3\ 000/400=7.50$ cm。

从图 4-12 和图 4-13 还可以看出，钢板桩 X 方向中心线的变形和 Z 方向中心线的变形随长度的变化基本上还比较光滑。最大值集中在 15 m 到 20 m 之间。由于各方案封底混凝土施工的时间不一样，中心线变形的最大值位置也有差别。方案 1 中心线变形的最大值位置在钢板桩顶面以下 17 m 处；方案 2 中心线变形的最大值位置在钢板桩顶面以下 17 m 处；方案 3 中心线变形的最大值位置在钢板桩顶面以下 15 m 处；方案 4 中心线变形的最大值位置在钢板桩顶面以下 12.5 m 处。

从四种施工方案钢板桩围堰中心线变形来看，无论是 X 方向变形还是 Z 方向变形，方案 4 变形最小，方案 2 和方案 3 变形其次，方案 1 变形较大。

3. 钢板桩等效应力分析

钢板桩的等效应力如果超过材料的允许应力，钢板桩有可能超过其容许强度发生破坏，导致钢板桩局部失稳而引起整个围堰破坏。下面给出四种施工方案钢板桩等效应力的分布情况，如图 4-14 所示。

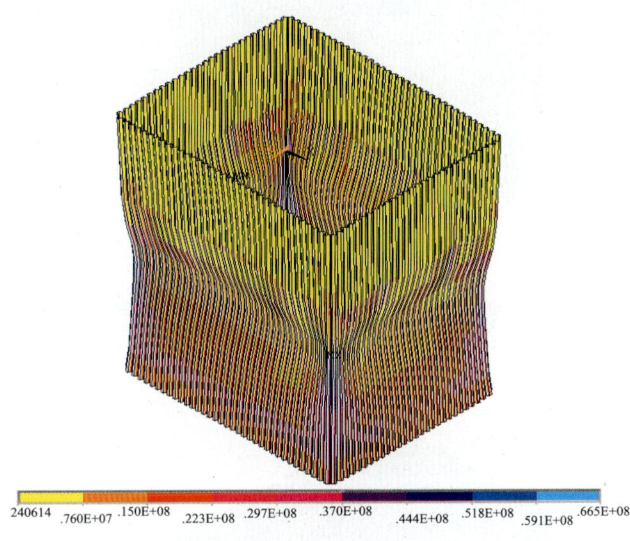

(a)方案 1

(b)方案 2

图 4-14

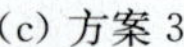

(c) 方案 3

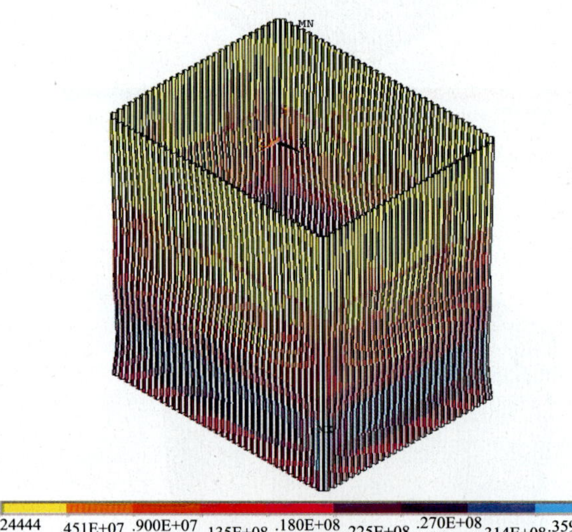

(d)方案 4

图 4-14　钢板桩等效应力分布图(单位:Pa)

从图 4-14 可以看出,方案 1 的钢板桩最大等效应力位于钢板桩中间略靠下部位,其他三个方案的钢板桩最大等效应力基本都在钢板桩的下部。方案 1 钢板桩的等效应力最大值为 66.5 MPa;方案 2 钢板桩的等效应力最大值为 43.2 MPa;方案 3 钢板桩的等效应力最大值为 42.1 MPa;方案 4 钢板桩的等效应力最大值为 40.4 MPa。这些值都远小于钢板桩材料的容许应力 200 MPa,不会发生强度破坏。

从图 4-14 还可以看出，由于边角处应力集中效应的影响，各种方案下等效应力的最大值都集中在四个角边。考虑到模型对称性和边界条件对称性，取一个角边为研究对象来探讨等效应力沿钢板桩长度的分布规律。四种方案下，钢板桩角边处的等效应力随长度的变化情况如图 4-15 所示。

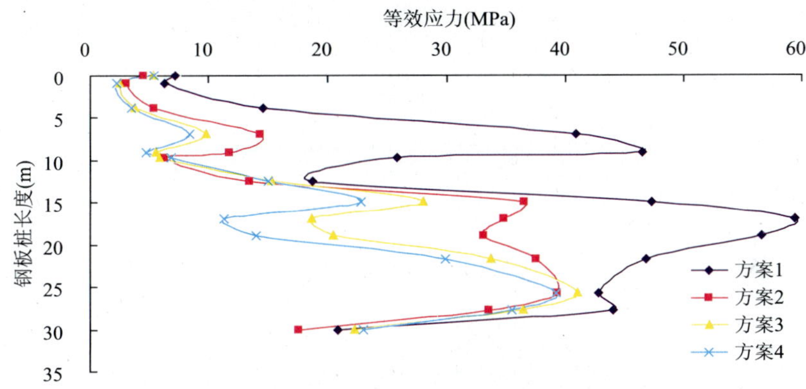

图 4-15 钢板桩等效应力随深度的变化图

通过图 4-15 可以看出，不同施工方案钢板桩的等效应力变化趋势不一样。由于内支撑和围檩的作用，钢板桩等效应力随深度的变化图出现了很多转折点。比较钢板桩等效应力随深度的变化关系以及前面的图 4-14 可知，方案 4 对应于钢板桩的等效应力最大值最小，其次为方案 2 和方案 3，方案 1 对应于钢板桩的等效应力最大值最大；并且方案 2、方案 3 和方案 4 变化趋势和大小比较接近。从这一点来看，方案 4 更优。不过方案 1 钢板桩等效应力最大值也远没有达到容许应力值。

4. 内支撑轴向应力分析

在钢板桩与围檩和内支撑相互作用过程中，围檩和内支撑的受力情况对于判断围堰结构的整体稳定性比较关键。因为一旦围檩或内支撑受到破坏，整个围堰结构就有可能失稳。下面给出四种施工方案下围檩和内支撑轴向应力的分布情况，如图 4-16 所示。

从图 4-16 可以看出，方案 1 围檩和内支撑轴向应力的最大值为 109 MPa；方案 2 围檩和内支撑轴向应力的最大值为 87.6 MPa；方案 3 围檩和内支撑轴向应力的最大值为 80.5 MPa；方案 4 围檩和内支撑轴向应力的最大值为 79.9 MPa。这些值都小于围檩和内支撑材料的容许应力 145 MPa。

对比以上四种方案，方案 4 对应于围檩和内支撑的轴向应力最大值最小，其次为方案 2 和方案 3，方案 1 对应于围檩和内支撑的轴向应力最大值最大。

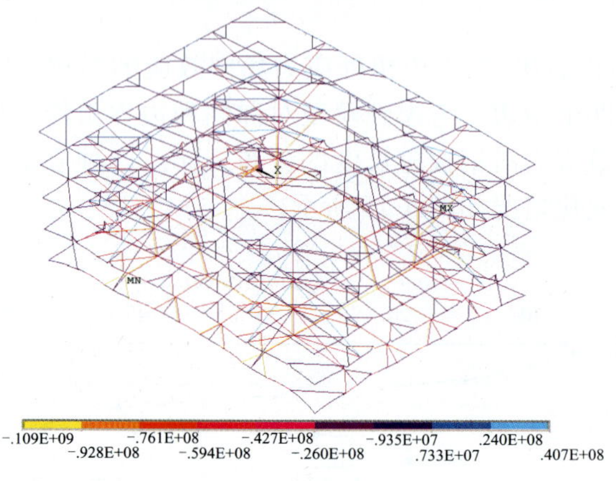

(a) 方案 1

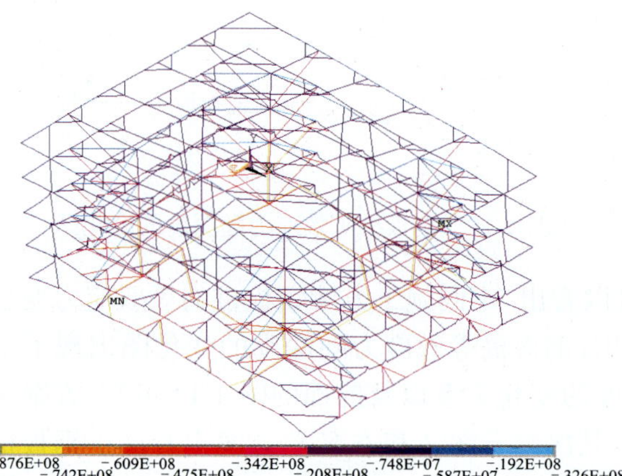

(b)方案 2

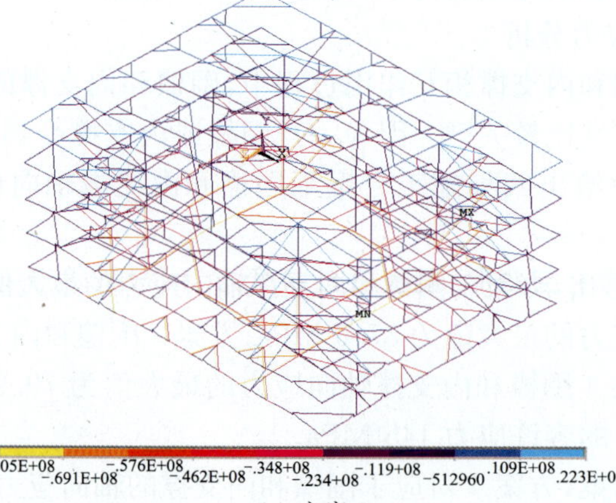

(c) 方案 3

图　4-16

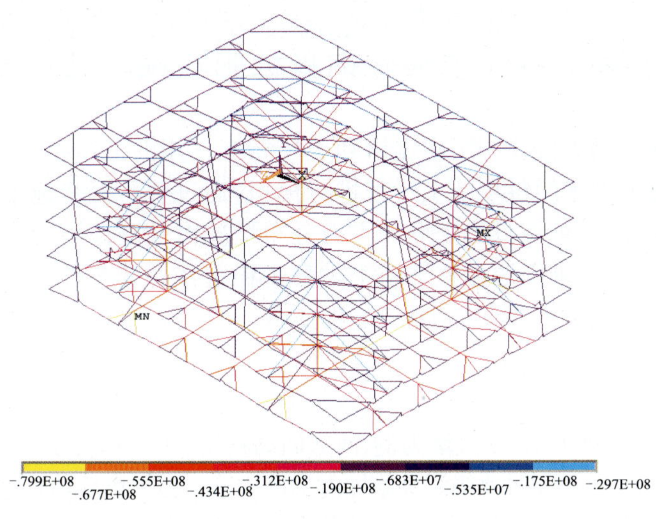

(d) 方案 4

图 4-16 围檩和内支撑的轴向应力分布(单位:Pa)

4.2.3 实际施工方案选择

综合以上分析结果,无论是从土层的变形、钢板桩桩身的变形、钢板桩的等效应力,还是从围檩和内支撑的轴向应力来考虑,方案 4 对应于钢板桩围堰施工中的变形和应力均最小;其次才是方案 3 和方案 2;而方案 1 的变形和应力虽然都较大,但也没有超出容许范围。

若采用模拟计算结果中变形和应力最小的施工方案 4,根据颍河特大桥深水基础的设计和地质情况,一方面,由于封底混凝土底面在河床面深达 10 m,吸泥深度较深,水中吸泥工程量较大,需要的时间也很长;另一方面,水中吸泥遇到部分硬塑粉质黏土,导致水中吸泥施工非常困难,封底效果不甚理想,耗费的施工时间无法预料,工期也不能有效保证。

考虑到该工程施工组织,钢板桩入土较深,承台底面以下达 13 m,底面以下为粉质黏土层,拟顺序施加各层围檩和内支撑,不进行水下封底施工,但增加铺设一层 0.5 m 厚度的素混凝土垫层,作为一个施工平台,类似方案 1 的施工工序。从前面的分析来看,方案 1 下的土层变形、钢板桩桩身变形、钢板桩等效应力以及围檩和内支撑轴向应力基本上都可以满足要求,但还需对实际施工过程进行详细分析,并进行基底抗隆起分析和围堰整体稳定性分析,为施工方案的最终选择提供理论支持。

以上分析还可以发现,封底混凝土施工越早,对围堰结构的安全越有利,因为封底混凝土的作用类似一道支撑。施工中一旦发现围堰变形发展变化较大,可采取封底混凝土来临时稳定围堰结构,再采取必要的处理措施予以应对。

4.3 静水条件下超长钢板桩围堰施工过程分析

本节通过建立钢板桩、围檩、内支撑和土层相互作用的三维整体模型，对超长钢板桩围堰实际施工方案的每步施工过程进行模拟，通过分析每步施工中土层的变形和应力分布情况、钢板桩桩身的变形和应力分布情况以及围檩与内支撑的变形和应力分布情况，判断钢板桩围堰在整个施工过程中稳定性和安全性。并对无封底施工方案进行基底抗隆起分析，以保证施工过程安全。

4.3.1 施工过程模拟

以颍河特大桥深水基础46号墩为例，河床面高程为19.3 m，位于围堰的第三道支撑和第四道支撑之间。在逐层抽水吸泥并施加内支撑到第六道支撑后，抽水吸泥开挖到承台底面以下0.5 m，灌注C20混凝土0.5 m作为垫层，干法施工承台。具体的施工工序如下：

(1)钢板桩顶面高程为28.36 m，钢板桩插打完毕后，围堰外水位高程为24.4 m。安装第一道内支撑，支撑中心线高程27.46 m。安装好第一道内支撑后，围堰内抽水至高程23.6 m处，此时，围堰外水位为24.4 m，内外水压力差如图4-17所示，为第一工况。

(2)安装第二道内支撑及剪刀撑和竖撑，支撑中心线高程为24.46 m。安装好第二道内支撑后，围堰内抽水至高程20.6 m处，此时围堰外水位为24.4 m，内外侧水压力差如图4-18所示，为第二工况。

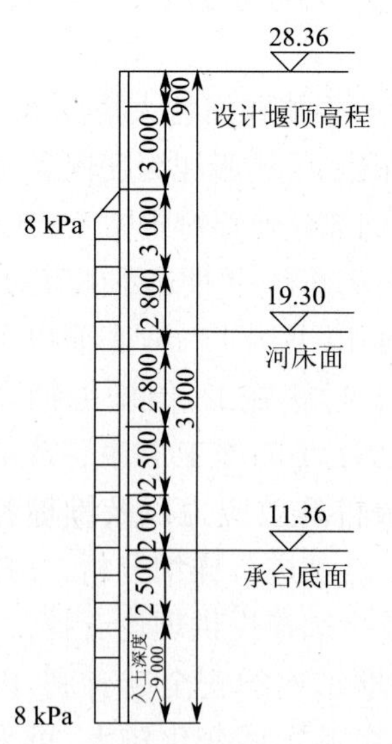

图4-17 安装第二道内支撑水压力图

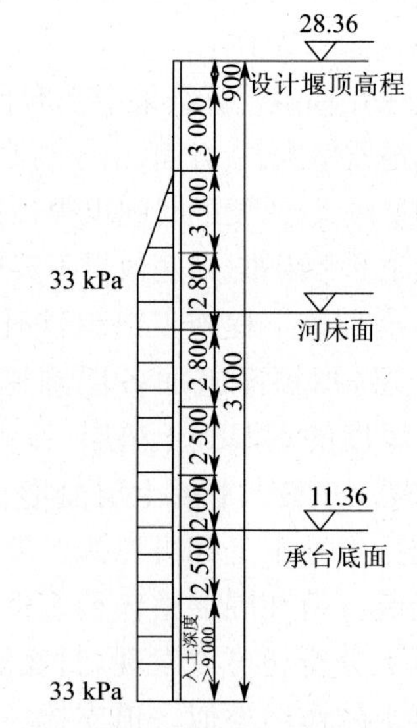

图4-18 安装第三道内支撑水压力图

(3)安装第三道内支撑及剪刀撑和竖撑，支撑中心线高程为 21.46 m。安装好第三道内支撑后，围堰内抽水并吸泥至高程 17.8 m 处(46 号墩河床面高程为19.3 m)，围堰外水位为 24.7 m。这时内外侧水压力差如图 4-19 所示，为第三工况。

(4)安装第四道内支撑及剪刀撑和竖撑，支撑中心线高程为 18.66 m。安装好第四道内支撑后，围堰内抽水并吸泥至高程 15 m 处，围堰外水位为 24.4 m。这时内外侧水压力差如图 4-20 所示，为第四工况。

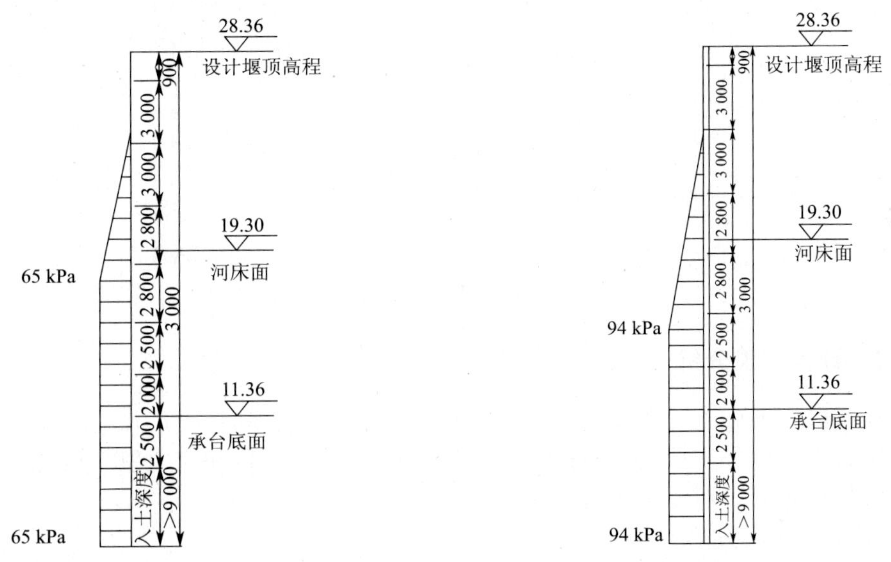

图 4-19　安装第四道内支撑水压力图　　　图 4-20　安装第五道内支撑水压力图

(5)安装第五道内支撑及剪刀撑和竖撑，支撑中心线高程为 15.86 m。安装好第五道内支撑后，围堰内抽水并吸泥至高程 12.5 m 处，围堰外水位为 24.6 m。这时内外侧水压力差如图 4-21 所示，为第五工况。

(6)安装第六道内支撑及剪刀撑和竖撑，支撑中心线高程为 13.36 m。安装好第六道内支撑后，围堰内抽水并吸泥至高程 10.86 m 处，进行垫层混凝土施工，厚度为 0.5 m。围堰外水位为 24.3 m，这时内外侧水压力差如图 4-22 所示，为第六工况。

(7)垫层混凝土施工完毕后，进行承台下半部分浇筑施工。当承台下半部分施工完毕后，往承台与钢板桩围堰之间的间隙填砂夹石至高程 12.96 m 处，在支撑对应位置砂夹石上浇筑 0.4 m 厚、1.5 m 宽的 C20 混凝土；当混凝土强度达到 100%后，拆除第六道支撑，拆除后继续在承台与钢板桩围堰之间的间隙填砂夹石至高程 15.36 m，拆除第五道支撑的内部斜撑杆，然后进行上部承台的钢筋绑扎和混凝土浇筑。围堰外水位为 24.3 m。这时内外侧水压力差也如图 4-22 所示，为第七工况。

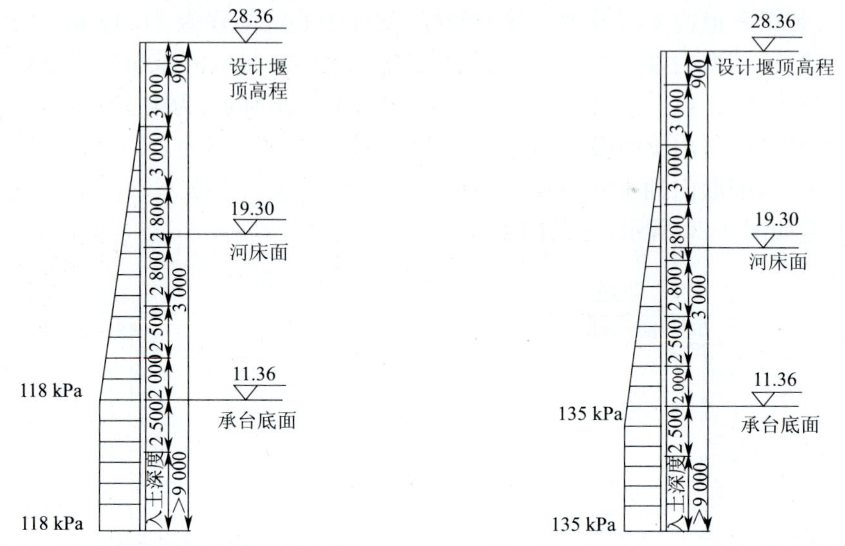

图 4-21　安装第六道内支撑水压力图　　　图 4-22　拆除第六道内支撑时水压力图

4.3.2　计算结果分析

钢板桩围堰施工过程中，在每一道支撑后的抽水吸泥时，由于作用荷载的变化，通常引起围堰内外土层、钢板桩本身、围檩和内支撑的位移和应力发生变化，在计算结果分析中主要针对以上内容进行探讨。

1. 土层变形分析

(1)不同工况条件下土层变形的分布情况

不同工况条件下，土层 X 方向的变形和 Z 方向的变形分别如图 4-23 和图 4-24 所示。每个工况的变形分布云图为该施工步的计算结果；数据处理时，是当前施工步和之前所有施工步相加后的累计结果。

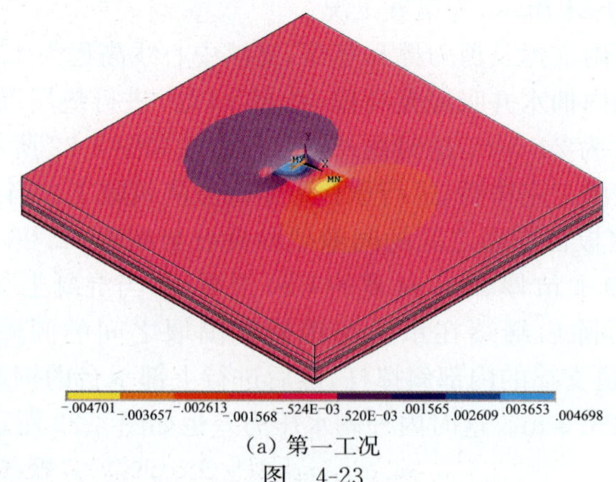

(a) 第一工况

图　4-23

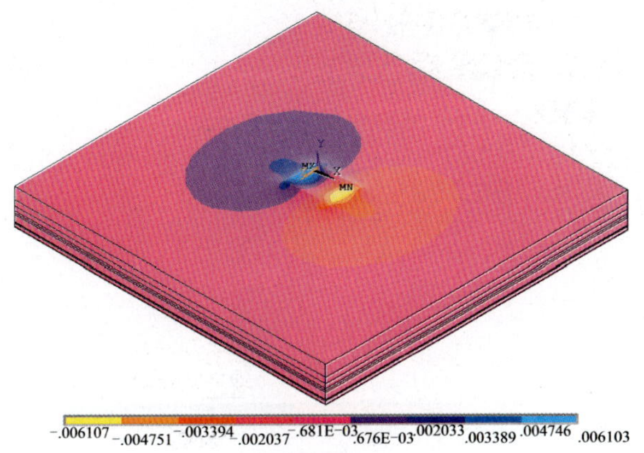

（b）第二工况

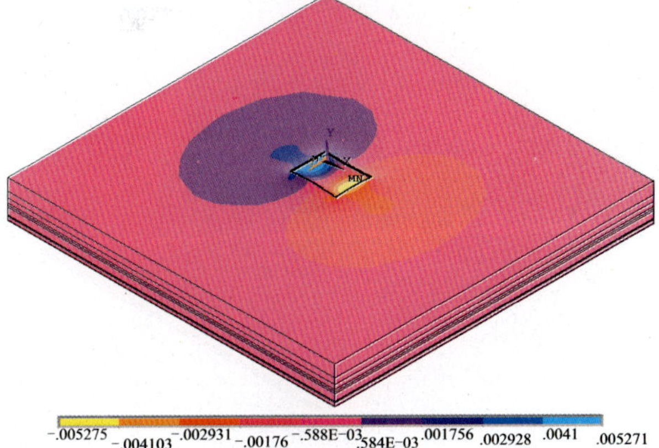

（c）第三工况

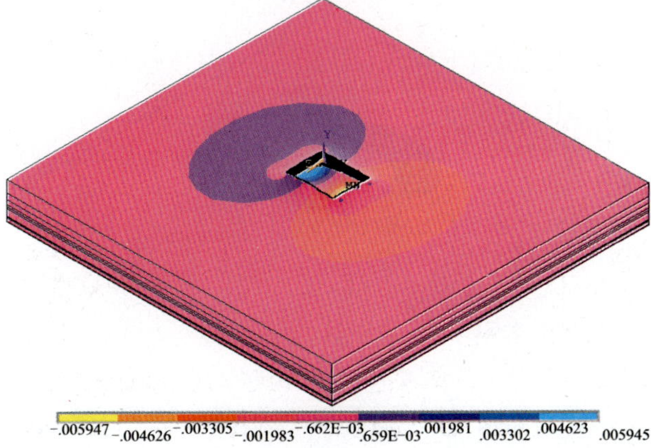

（d）第四工况

图 4-23

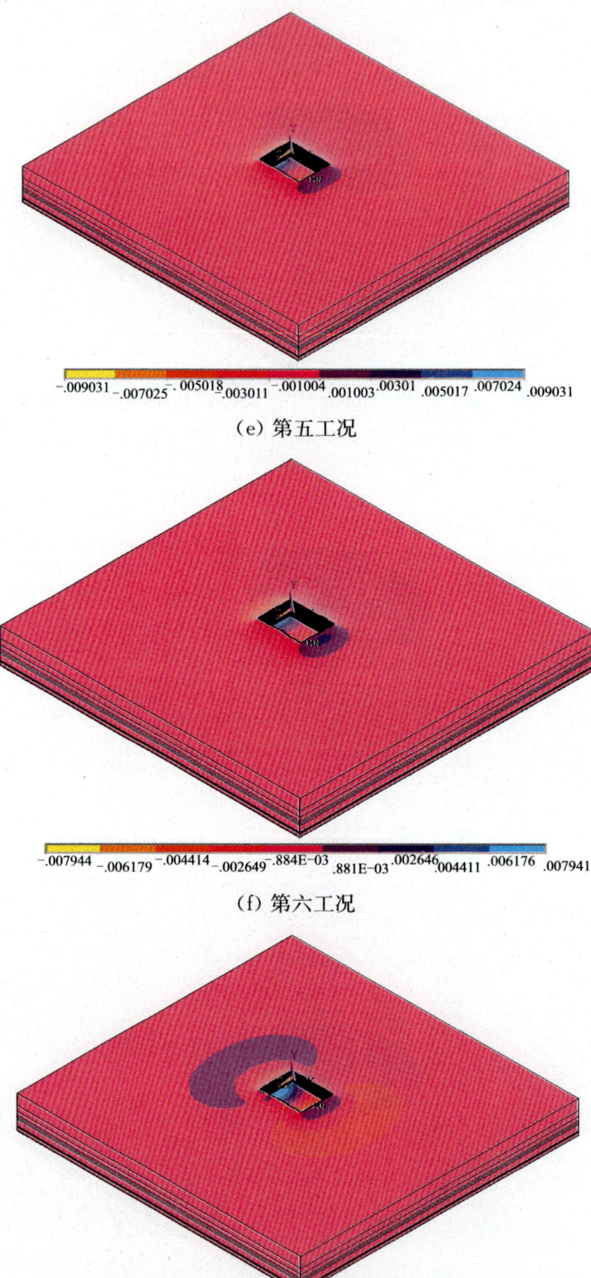

(e) 第五工况

(f) 第六工况

(g) 第七工况

图 4-23　土层 X 方向的变形(单位:m)

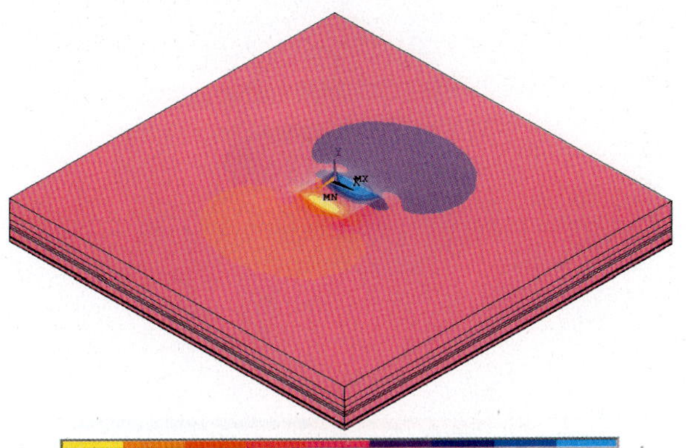

(a) 第一工况

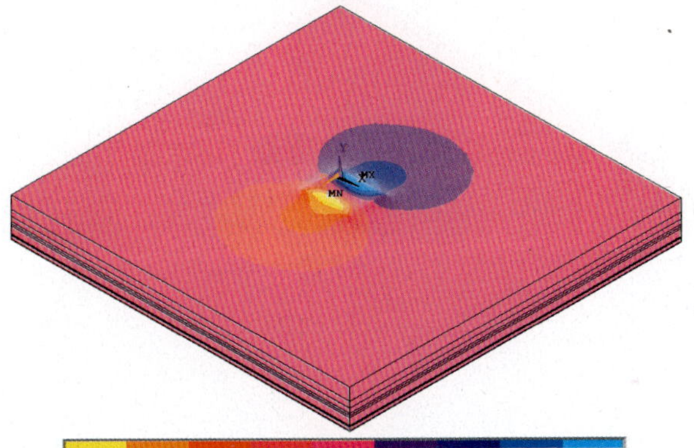

(b) 第二工况

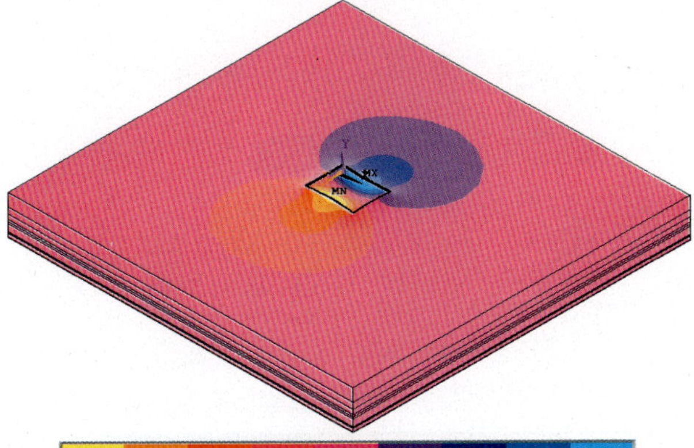

(c) 第三工况

图 4-24

(d) 第四工况

(e) 第五工况

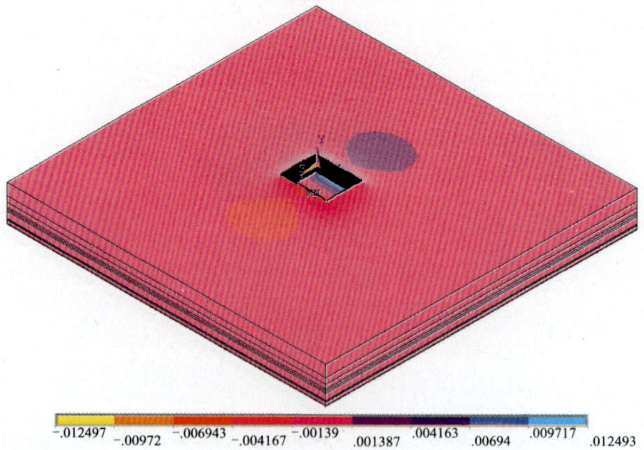

(f) 第六工况

图 4-24

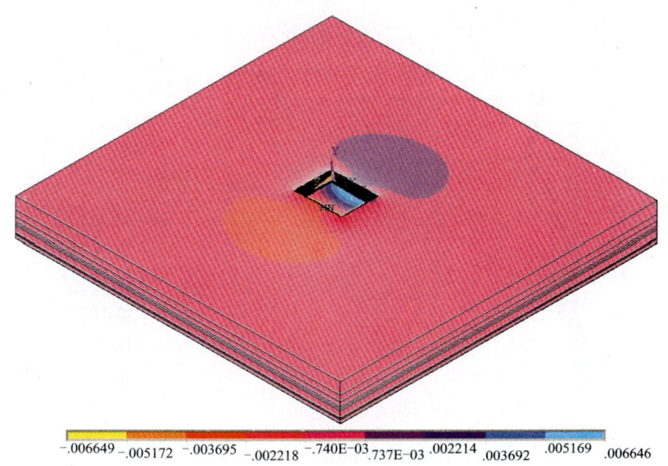

(g) 第七工况

图 4-24 土层 Z 方向的变形(单位:m)

分析图 4-23 和图 4-24 可知,各工况情况下土层位移的变化都不是很大,并且 Z 方向的变形要大于 X 方向的变形。土层位移最大值基本上都在钢板桩与土层接触处的中心线位置。

(2)土层变形随各工况的变化情况

如图 4-25 和图 4-26 给出土层与钢板桩接触处中心线 X 方向和 Z 方向的变形随土层深度的变化关系,以向围堰内的变形为正。变形数据为累计变形,如:第三工况是在第二工况稳定后进行的,所以第三工况的变形要加上第一工况和第二工况产生的变形,以此类推。

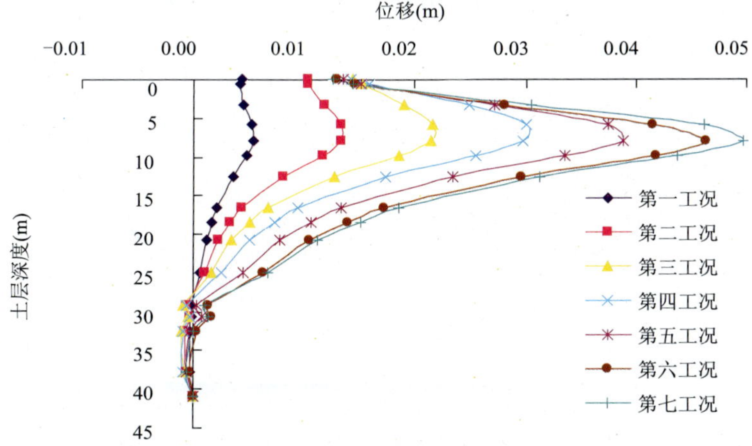

图 4-25 土层 X 方向的变形随深度的变化

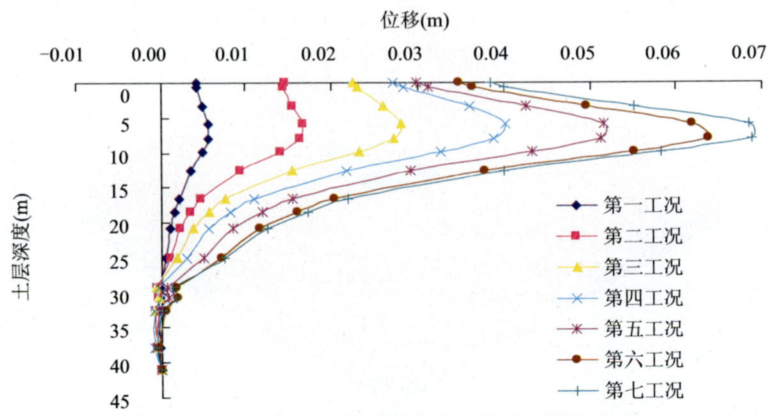

图 4-26 土层 Z 方向的变形随深度的变化

随着抽水吸泥开挖的深度增加，土层最大变形的位置不断变化，最大变形发生在河床面以下 5～10 m。第一工况下土层的最大变形为 5.64 mm，位置在河床面以下 7.9 m 处；第二工况下土层的最大变形为 16.73 mm，位置在河床面以下 5.9 m 处；第三工况下土层的最大变形为 27.96 mm，位置在河床面以下 5.9 m 处；第四工况下土层的最大变形为 40.13 mm，位置在河床面以下 5.9 m 处；第五工况下土层的最大变形为 51.65 mm，位置在河床面以下 5.9 m 处；第六工况下土层的最大变形为63.77 mm，位置在河床面以下 7.9 m 处；第七工况下土层的最大变形为 68.73 mm，位置在河床面以下 7.9 m 处。

随着开挖深度的增加，土层的变形是不断增大的。增量从第一工况的5.64 mm，到第六工况的最大值 12.12 mm，再减小到第七工况的最小值 4.96 mm。从控制土层的变形来看，要特别重视第六工况的影响。

2. 土层等效应力分析

不同工况条件下土层等效应力的分布情况如图 4-27 所示。

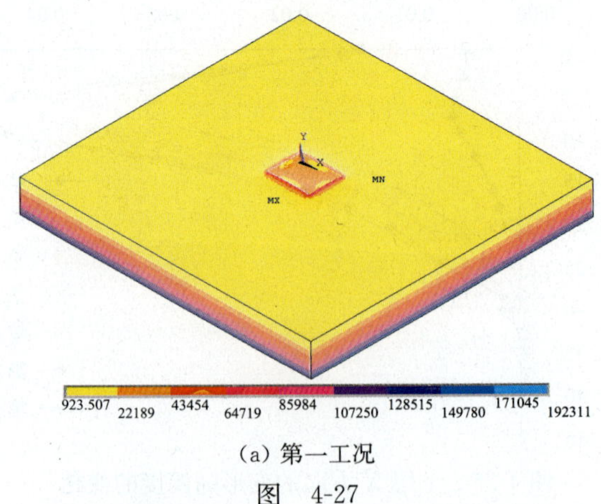

(a) 第一工况

图 4-27

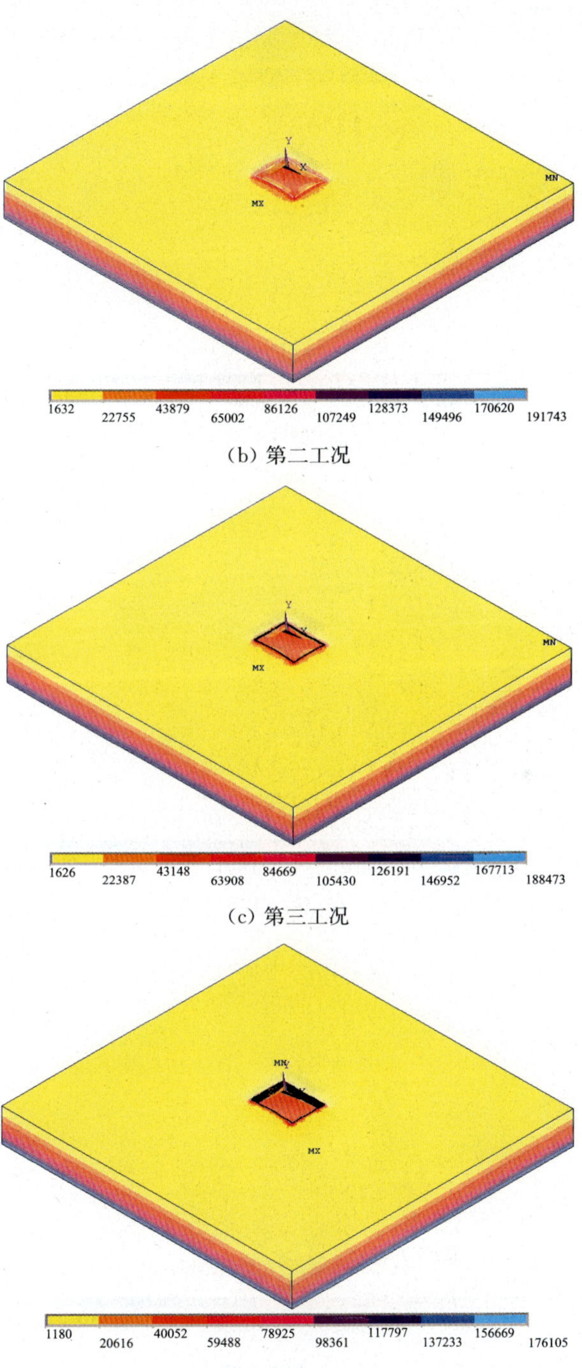

（b）第二工况

（c）第三工况

（d）第四工况

图 4-27

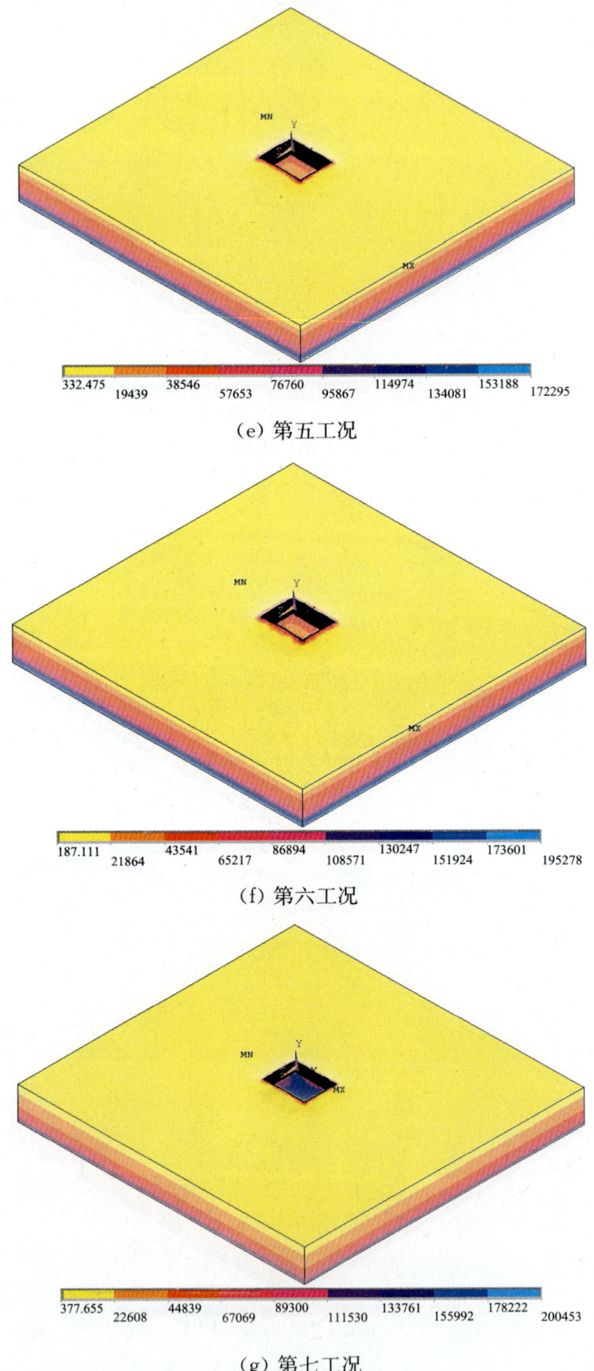

(e) 第五工况

(f) 第六工况

(g) 第七工况

图 4-27　土层等效应力(单位:Pa)

由图 4-27 可知，第一工况下土层等效应力最大值为 192.3 kPa；第二工况下土层等效应力最大值为 191.7 kPa；第三工况下土层等效应力最大值为 188.5 kPa；第四工况下土层等效应力最大值为 176.1 kPa；第五工况下土层等效应力最大值为 172.3 kPa；第六工况下土层等效应力最大值为 195.3 kPa；第七工况下土层等效应力最大值为 200.5 kPa。各工况下土层等效应力都不是很大，并且各工况下等效应力最大值还比较接近。原因在于钢板桩的变形较小，所以土层受到的荷载也比较小。

为判断土体是否发生剪切破坏，需要通过分析各种工况下大主应力和小主应力的情况。根据土体极限平衡理论和摩尔库伦破坏准则，对应于大主应力破坏的小主应力公式为：

$$\sigma_{3f} = \sigma_1 \tan^2\left(45^\circ - \frac{\varphi}{2}\right) - 2c\tan\left(45^\circ - \frac{\varphi}{2}\right) \tag{4-2}$$

对应于小主应力破坏的大主应力公式为：

$$\sigma_{1f} = \sigma_3 \tan^2\left(45^\circ + \frac{\varphi}{2}\right) + 2c\tan\left(45^\circ + \frac{\varphi}{2}\right) \tag{4-3}$$

通过有限元计算可以得到土层的大主应力值和小主应力值。考虑两种土层应力处于最大值情况，分别对应于大主应力最大值和小主应力最小值。通过计算得到不同工况下大主应力最大值和小主应力最小值以及破坏时对应于小主应力的破坏大主应力值，如表 4-2 所示。对比不同工况下土层的大主应力与破坏时大主应力可知，土层都没有发生剪切破坏，这对保证钢板桩围堰整体的稳定性能够起到有利作用，同时也反映了钢板桩围堰工作状态的土压力没有达到极限平衡状态。

表 4-2　不同工况下土层的应力值

工况	应力最大值	小主应力(kPa)	大主应力(kPa)	对应于小主应力的破坏大主应力(kPa)
第一工况	小主应力最小值	95.13	193.15	230.40
	大主应力最大值	123.42	262.02	299.12
第二工况	小主应力最小值	91.38	185.54	221.02
	大主应力最大值	118.31	251.15	286.53
第三工况	小主应力最小值	90.44	183.63	219.47
	大主应力最大值	119.34	253.40	289.84
第四工况	小主应力最小值	90.04	182.80	220.02
	大主应力最大值	117.04	248.55	286.02
第五工况	小主应力最小值	180.45	316.26	357.41
	大主应力最大值	231.39	421.59	459.34
第六工况	小主应力最小值	190.71	333.68	387.06
	大主应力最大值	232.75	426.17	481.56

续上表

工况	应力最大值	小主应力(kPa)	大主应力(kPa)	对应于小主应力的破坏大主应力(kPa)
第七工况	小主应力最小值	159.49	280.64	334.42
	大主应力最大值	180.82	306.47	360.82

3. 钢板桩桩身变形分析

(1)不同工况条件下钢板桩桩身变形的分布情况

七个不同工况下,钢板桩 X 方向的变形分布如图 4-28 所示,钢板桩 Z 方向的变形分布如图 4-29 所示;桩身变形分布图均为当前施工步的计算结果。

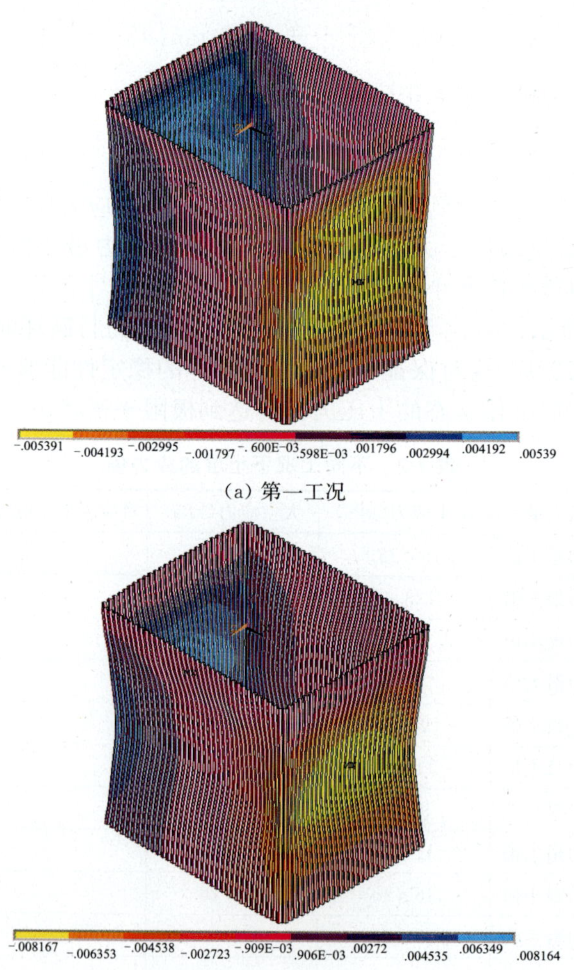

(a) 第一工况

(b) 第二工况

图　4-28

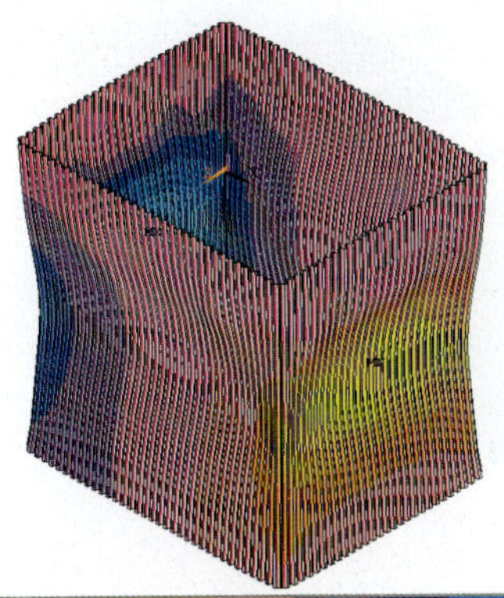

(c) 第三工况

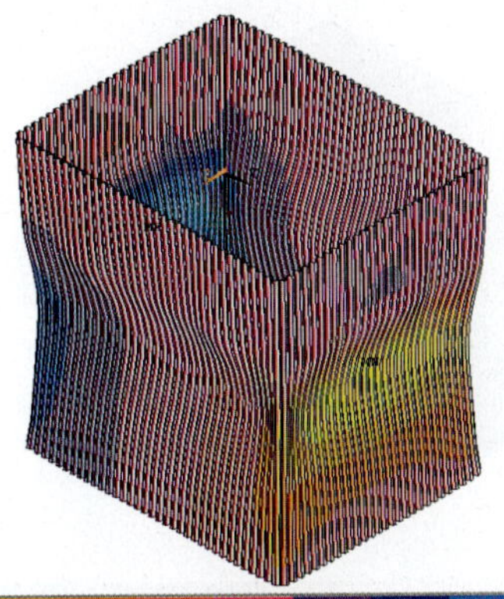

(d) 第四工况

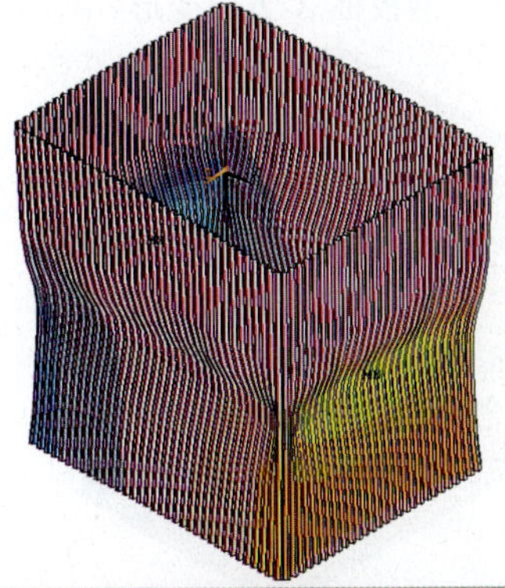

(e) 第五工况

图 4-28

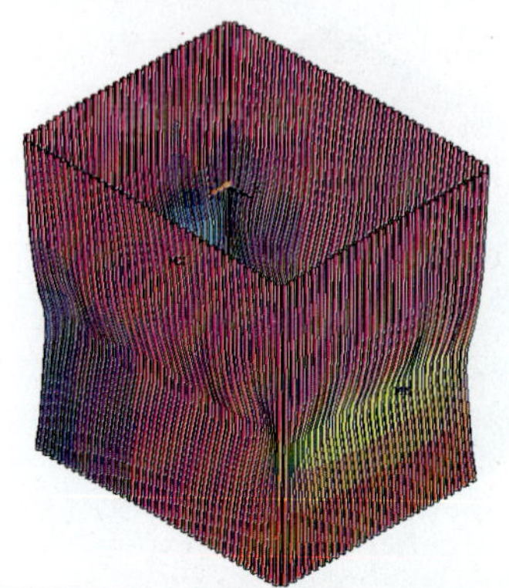

(f) 第六工况

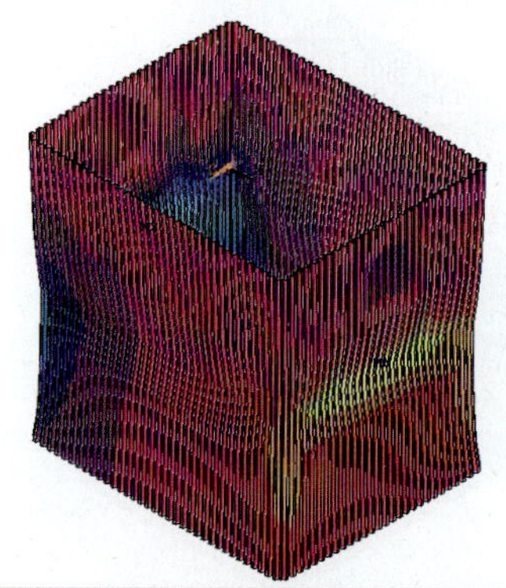

(g) 第七工况

图 4-28　钢板桩 X 方向变形(单位:m)

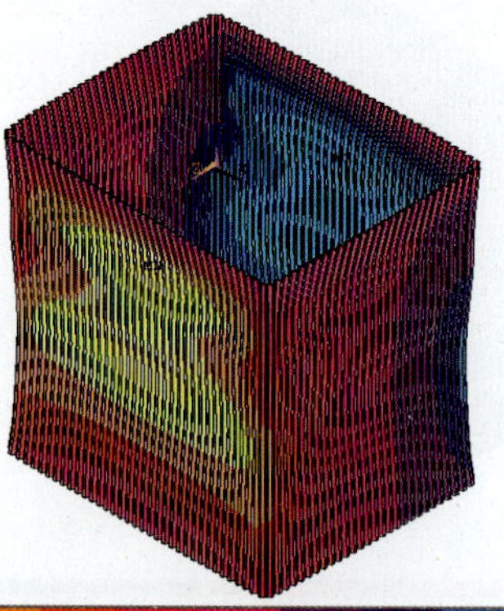

(a) 第一工况

图　4-29

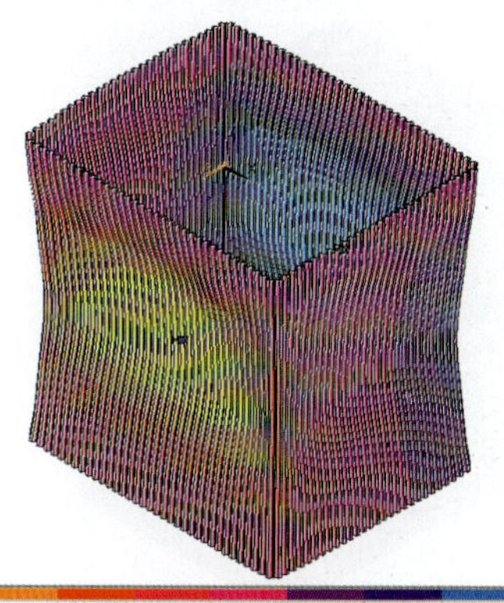

(b) 第二工况

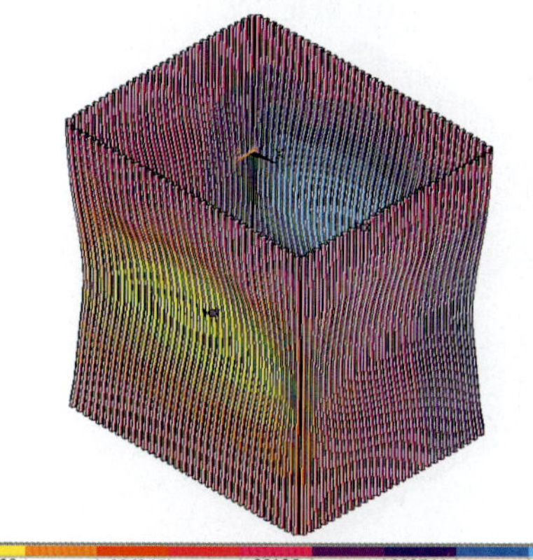

(c) 第三工况

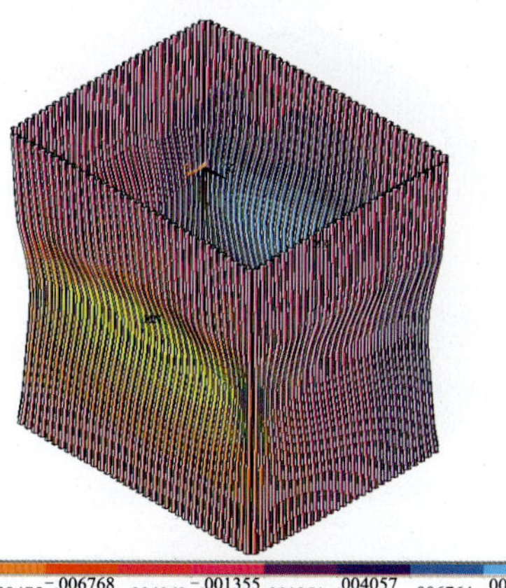

(d) 第四工况

图　4-29

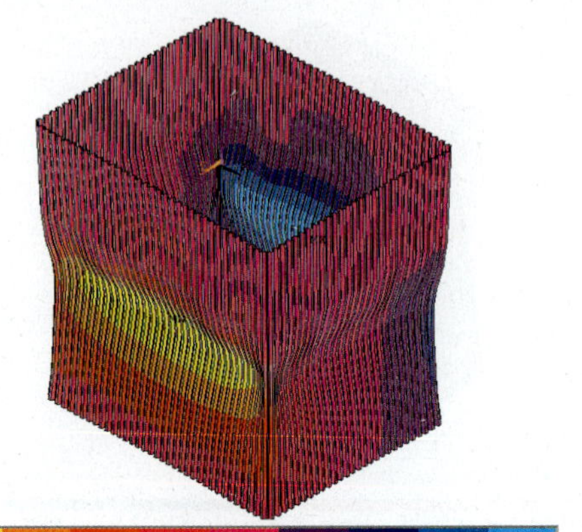

(e) 第五工况

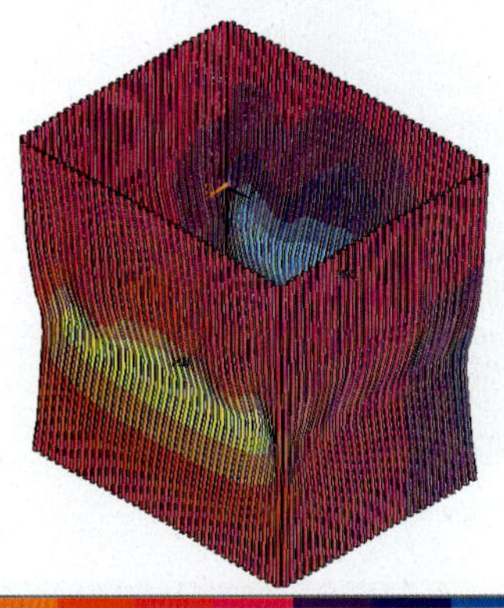

(f) 第六工况

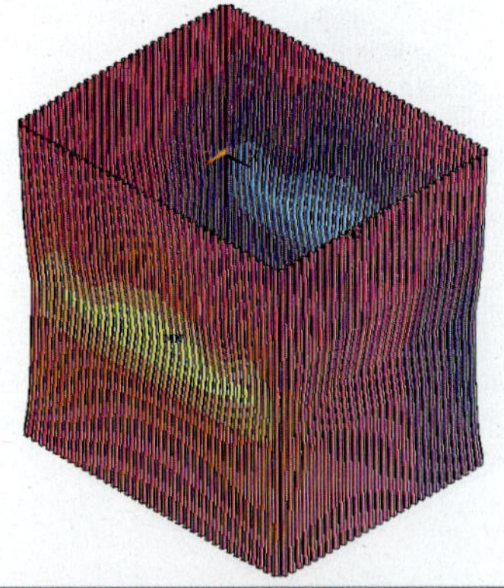

(g) 第七工况

图 4-29　钢板桩 Z 方向变形(单位:m)

从图 4-28 和图 4-29 可以看出，钢板桩 Z 方向的最大变形都是大于 X 方向的最大变形。由于内支撑的作用，导致钢板桩变形沿着 X 方向或者 Z 方向出现凹凸不平的现象。同时还可以看出各工况下沿着钢板桩长度方向，基本上都在钢板桩围堰长边和短边中心线上的位移比较大。

从图 4-28 得到，七种工况下钢板桩 X 方向中心线的变形最大值分别为5.4 mm、8.0 mm、7.8 mm、7.2 mm、7.5 mm、7.9 mm 和 4.4 mm。从图 4-29 得到，七种工况下钢板桩 Z 方向中心线的变形最大值分为 5.6 mm、10.9 mm、10.4 mm、10.3 mm、11.2 mm、11.9 mm 和 6.4 mm。

(2)钢板桩桩身变形随各工况的变化情况

七个不同工况下，钢板桩 X 方向中心线和 Z 方向中心线的变形随长度的变化关系如图 4-30 和图 4-31 所示，这里的变形也是累计变形。由于第三工况是在第二工况稳定后进行的，所以第三工况的变形要加上第一工况和第二工况产生的变形，以此类推。

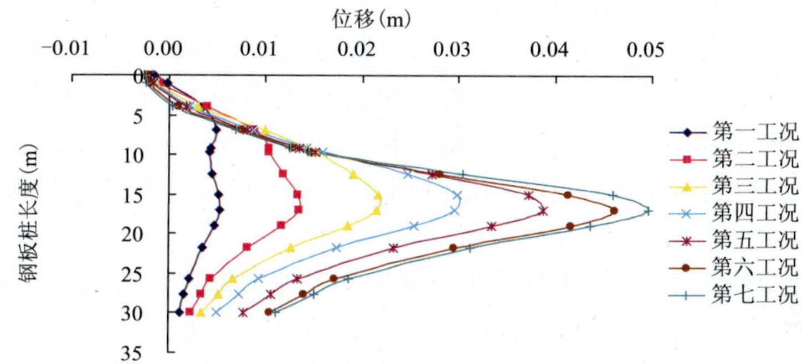

图 4-30　钢板桩 X 方向中心线的变形随长度的变化

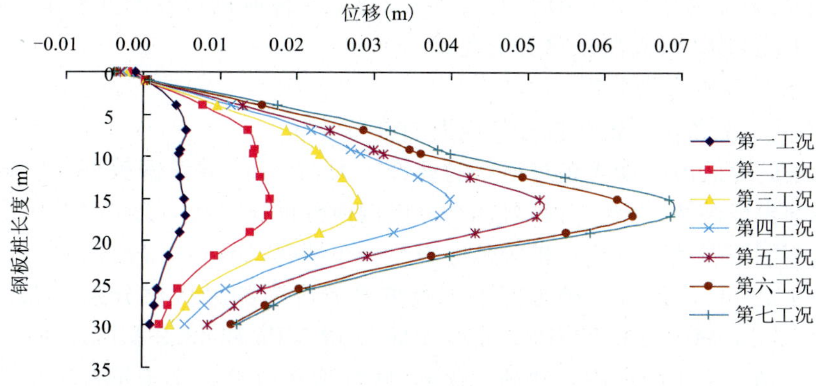

图 4-31　钢板桩 Z 方向中心线的变形随长度的变化

由图 4-30 和图 4-31 可知，在土压力与水压力的共同作用下，钢板桩中部向内变形。由于钢板桩的下部受到土的约束作用，所以下部纵向变形不是很大。另外，由于钢板桩顶部有长 4 m 的部分没有受力，下部受力将引起顶部向外扩张的趋势，即顶部一小部分纵向位移为负。从图中还可以看出，钢板桩顶部 Z 方向变形趋势与 X 方向变形趋势不一样。原因在于由于长方形钢板桩围堰，垂直于 Z 方向作用面要大于垂直于 X 方向作用面，两者面积比为 28/22.4＝1.25。这样，在等压应力作用下，Z 方向作用面受到的力要大于 X 方向作用面受到的力，导致 Z 方向作用面受到挤压作用向 X 方向扩展，引起 X 方向作用面有膨胀的趋势。

七种工况情况下钢板桩 X 方向中心线的变形和钢板桩 Z 方向中心线的变形随长度的变化基本上还比较光滑，最大值集中在桩顶以下 15 m 到 20 m 之间，位于钢板桩的中下部。随着施工的进行，抽水吸泥开挖的深度增加，钢板桩最大变形的位置不断下移。第一工况下钢板桩的最大变形为 5.71 mm，位置在钢板桩顶面以下 6.9 m处；第二工况下钢板桩的最大变形为 16.73 mm，位置在钢板桩顶面以下 15 m 处；第三工况下钢板桩的最大变形为 27.96 mm，位置在钢板桩顶面以下 15 m 处；第四工况下钢板桩的最大变形为 40.13 mm，位置在钢板桩顶面以下 15m 处；第五工况下钢板桩的最大变形为 51.65 mm，位置在钢板桩顶面以下 17 m 处；第六工况下钢板桩的最大变形为 63.77 mm，位置在钢板桩顶面以下 17 m 处；第七工况下钢板桩的最大变形为 68.73 mm，位置在钢板桩顶面以下 17 m 处。这些变形都小于桩身允许变形$[L/400]=30\,000/400=75$ mm。

随着开挖深度的增加，钢板桩的桩身变形最大值增量在开始是增大的，后来又有所减小。增量从第一工况的 5.71 mm，到第六工况的最大值 12.12 mm，再减小到第七工况的最小值 4.96 mm。各工况变形的增量占最终变形的比例为：第一工况为 8.3％；第二工况为 15.7％；第三工况为 15.7％；第四工况为 16.9％；第五工况为 18.1％；第六工况为 18.2％；第七工况为 7.2％。从控制钢板桩的变形来看，要特别重视第六工况的影响，其次是第五工况。

4. 钢板桩等效应力分析

(1)不同工况条件下钢板桩等效应力的分布情况

钢板桩的等效应力如果超过材料的容许应力，有可能导致钢板桩发生破坏而引起整个围堰失稳破坏，因此，有必要认真分析钢板桩桩身等效应力的变化情况。下面分别给出不同工况条件下钢板桩等效应力的分布情况，如图 4-32 所示。

从图 4-32 可以看出，七种工况下钢板桩等效应力的最大值分别为 22.0 MPa、58.8 MPa、58.7 MPa、56.6 MPa、75.8 MPa、77.2 MPa 和 43.2 MPa。可见，钢板桩的等效应力随着施工的推进是波动变化的，并且这些值都远小于钢板桩材料的容许应力 200 MPa。

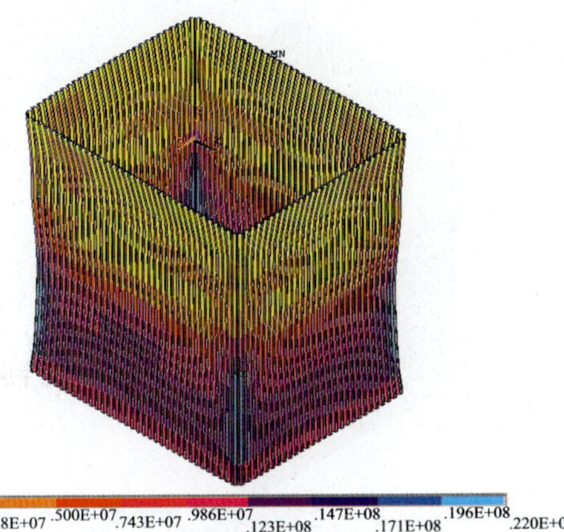

(a) 第一工况

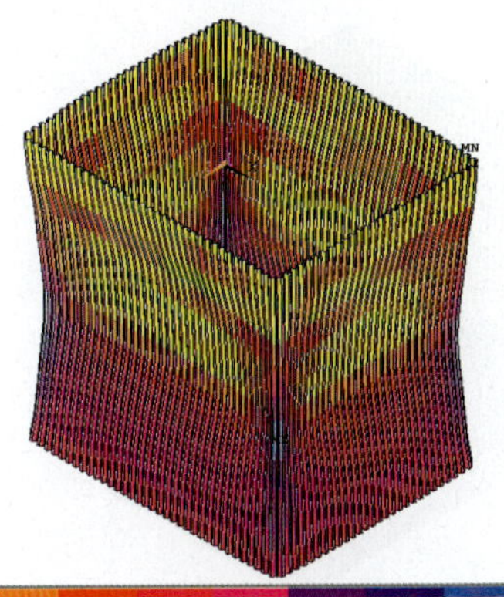

(b) 第二工况

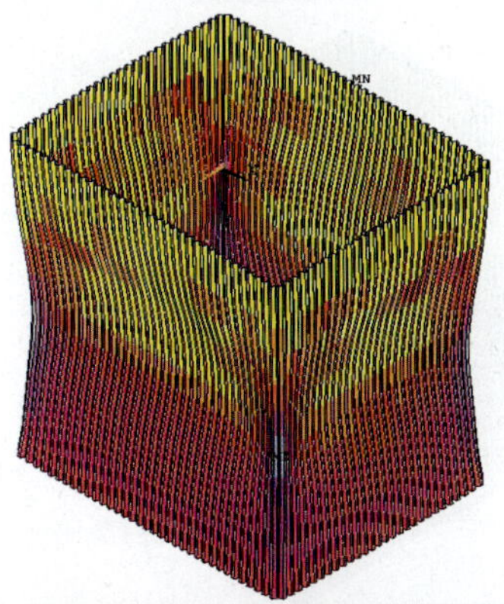

(c) 第三工况

图 4-32

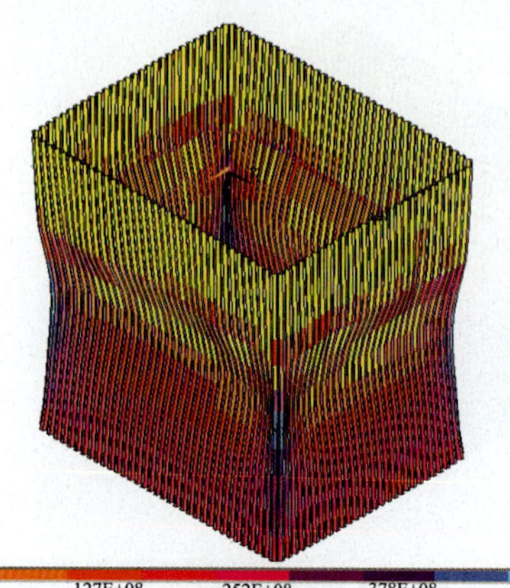

(d) 第四工况

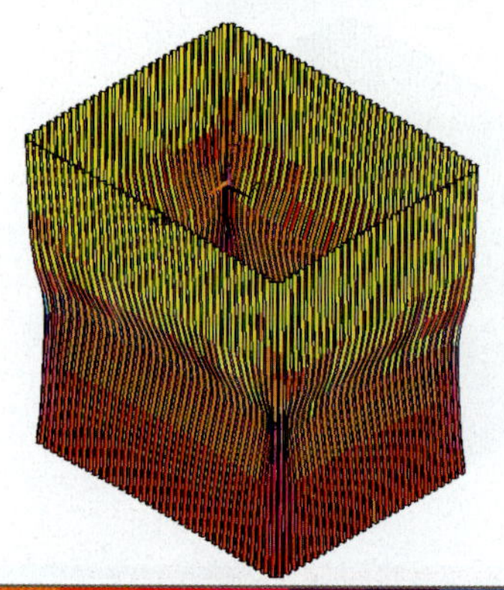

(e) 第五工况

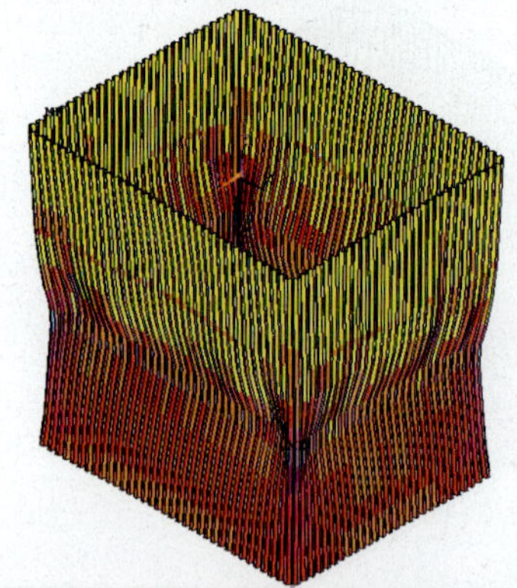

(f) 第六工况

图　4-32

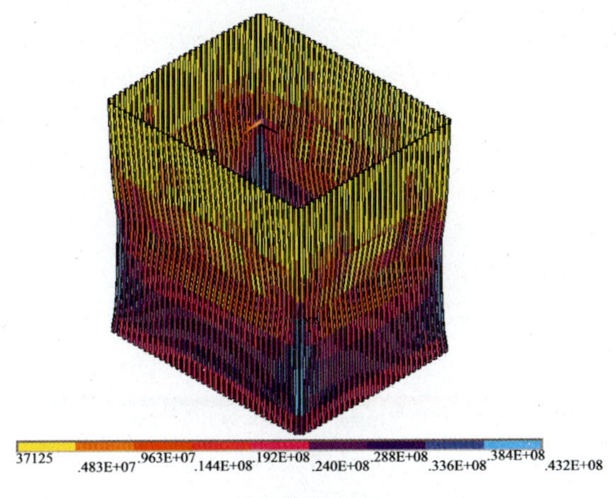

(g) 第七工况

图 4-32 不同工况条件下钢板桩的等效应力(单位:Pa)

(2)钢板桩等效应力随各工况的变化情况

从图 4-32 还可以看出,由于边角处应力集中效应的影响,各种工况下钢板桩等效应力的最大值都集中在四个角边。考虑到模型对称性和边界条件对称性,取一个角边为研究对象来探讨等效应力沿钢板桩长度的分布规律,不同工况钢板桩等效应力随长度的变化关系如图 4-33 所示。

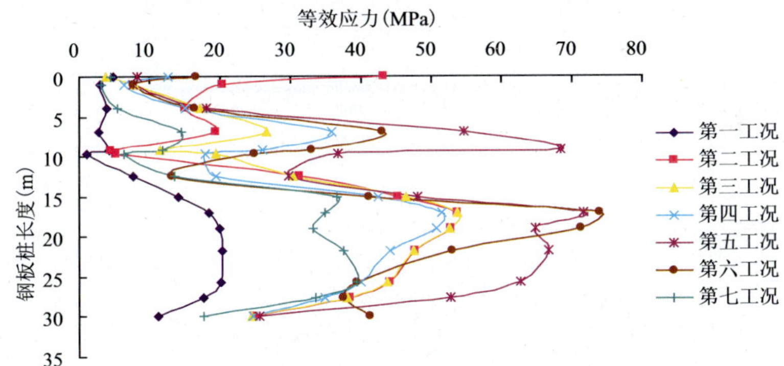

图 4-33 钢板桩的等效应力随长度的变化

由图 4-33 可知,钢板桩等效应力随长度的变化在第三工况、第四工况和第五个工况的变化趋势有点类似。第七工况考虑到垫层作用,它要承担一部分荷载的作用,所以等效应力的变化趋势与前面的工况不一样。由于内支撑和围檩的作用,图中曲线有很多拐点。同时由于土体是分层的,各土层之间弹性模量不一样也会引起这种情况。

5. 围檩和内支撑变形分析

七个工况下,围檩和内支撑 X 方向的变形分布如图 4-34 所示,围檩和内支撑 Z 方向的变形分布如图 4-35 所示。

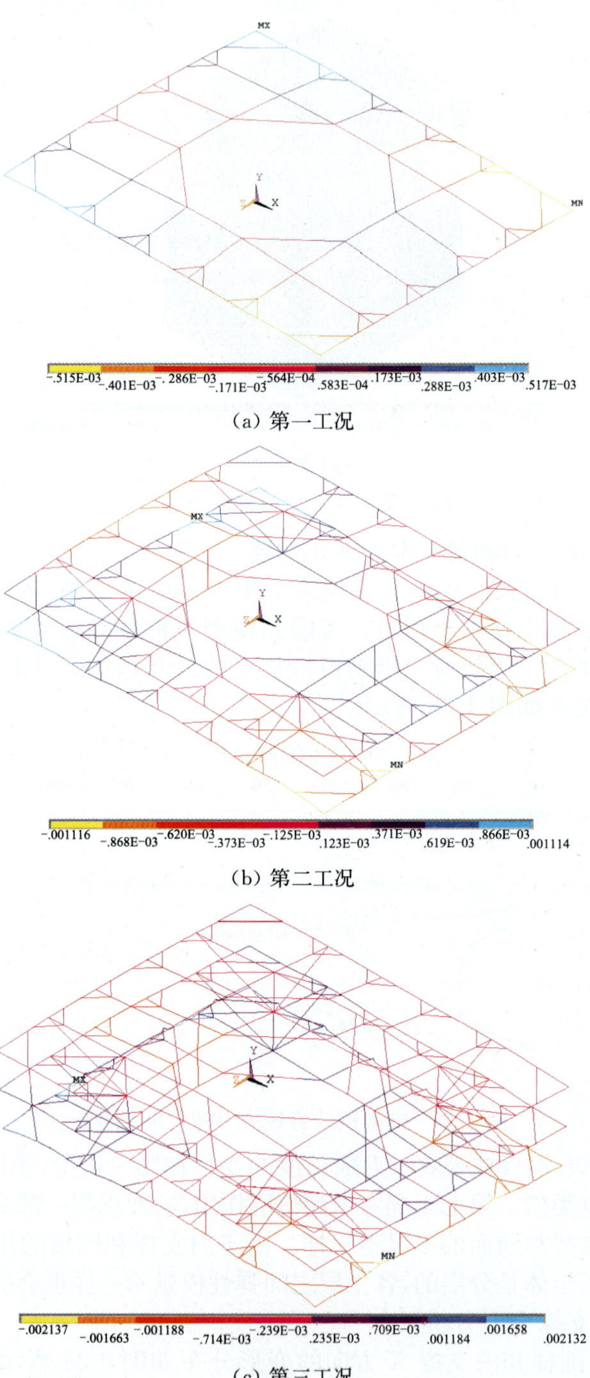

(a) 第一工况

(b) 第二工况

(c) 第三工况

图　4-34

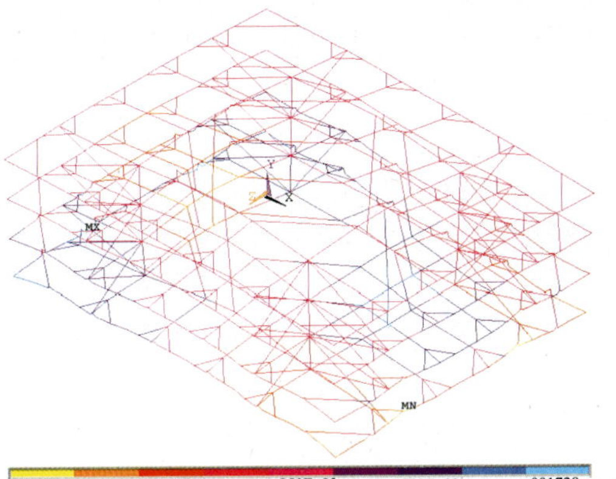

(d) 第四工况

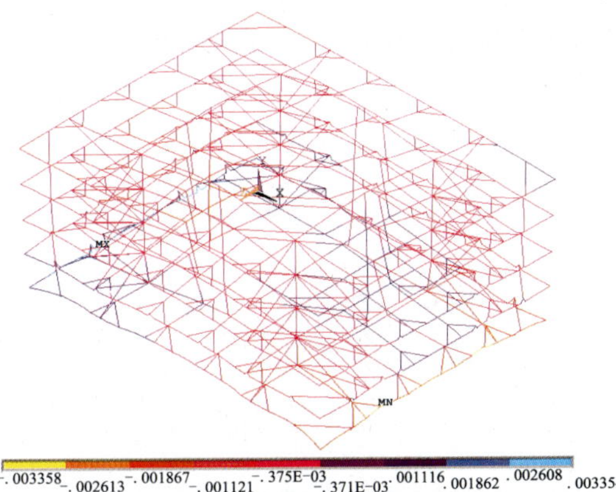

(e) 第五工况

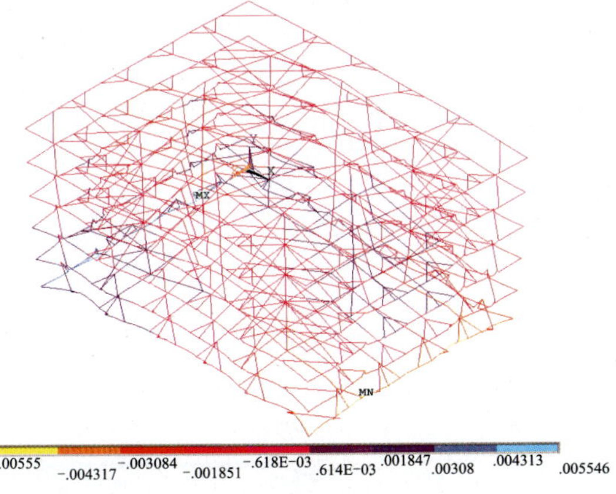

(f) 第六工况

图 4-34

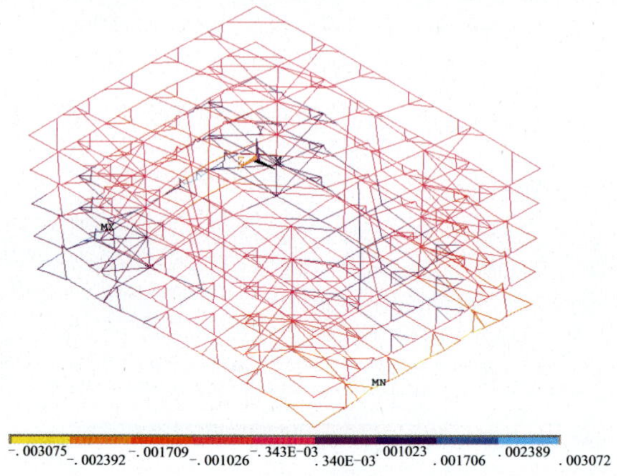

(g) 第七工况

图 4-34　围檩和内支撑 X 方向的变形(单位:m)

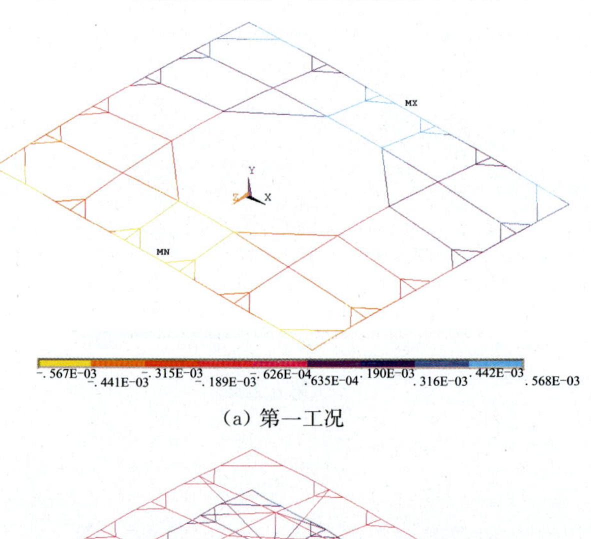

(a) 第一工况

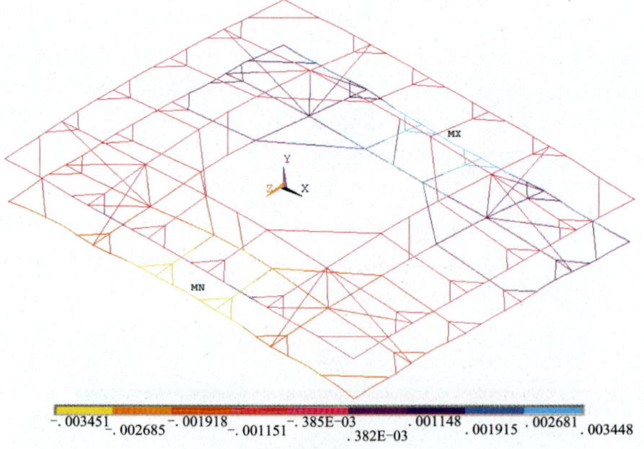

(b) 第二工况

图　4-35

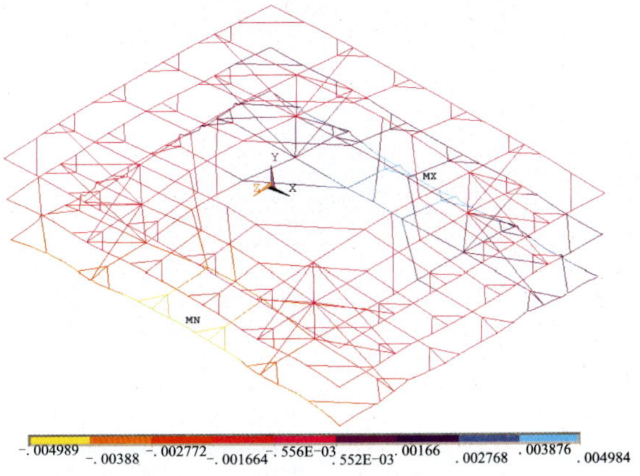

(c) 第三工况

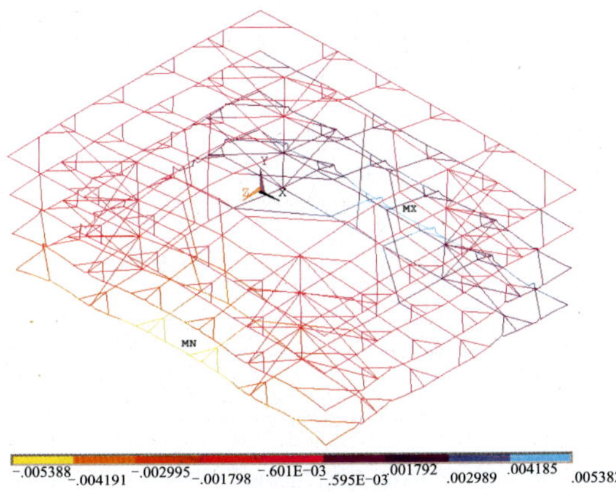

(d) 第四工况

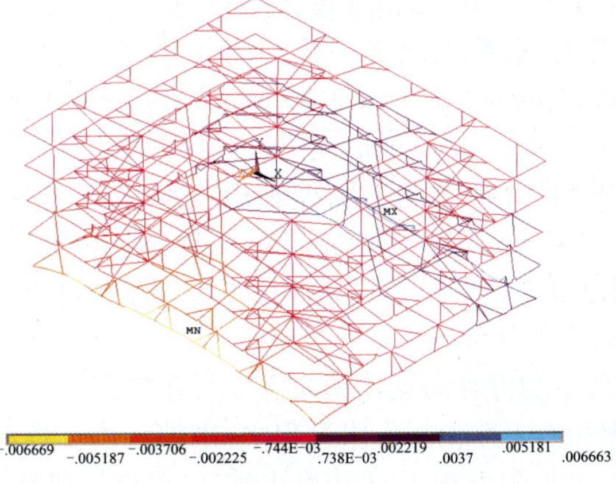

(e) 第五工况

图　4-35

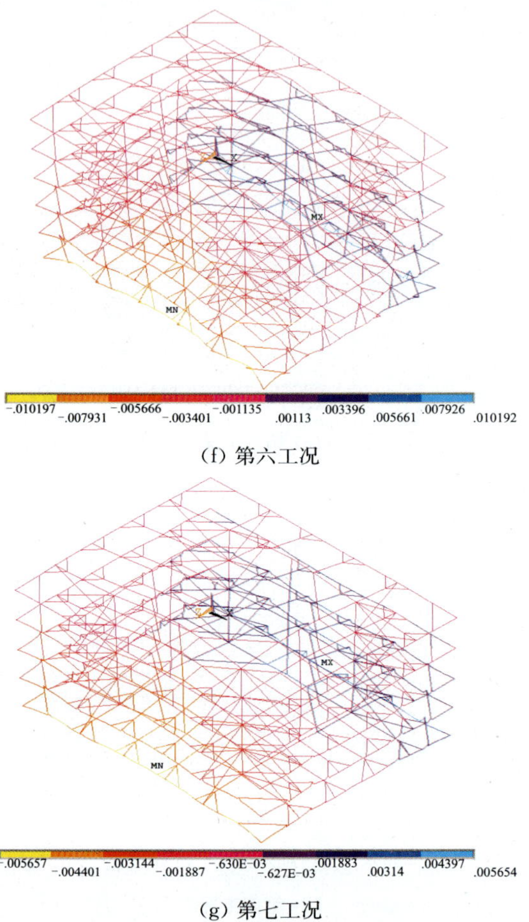

(f) 第六工况

(g) 第七工况

图 4-35　围檩和内支撑 Z 方向的变形(单位:m)

从图 4-34 可以看出,七种工况下围檩和内支撑 X 方向的变形最大值分别为 0.52 mm、1.12 mm、2.14 mm、2.23 mm、3.36 mm、5.55 mm 和 3.08 mm。内支撑允许变形为[L/400]=4 600/400=11.5 mm,可见,内支撑 X 方向的变形也在容许范围之内。从图 4-35 可以看出,七种工况下围檩和内支撑 Z 方向的变形最大值分别为 0.57 mm、3.45 mm、4.99 mm、5.39 mm、6.67 mm、10.2 mm 和 5.66 mm。内支撑允许变形量[L/400]=4 800/400=12 mm,可见,内支撑 Z 方向的变形也在容许范围之内。

6. 支撑系统轴向应力分析

(1)不同工况条件下围檩和内支撑轴向应力的分布情况

在钢板桩与围檩和内支撑相互作用过程中,围檩和内支撑的受力情况对于判断围堰结构的整体稳定性非常关键,内支撑发生破坏,可能导致整个围堰失稳。七种工况下围檩和内支撑轴向应力的分布情况,如图 4-36 所示。

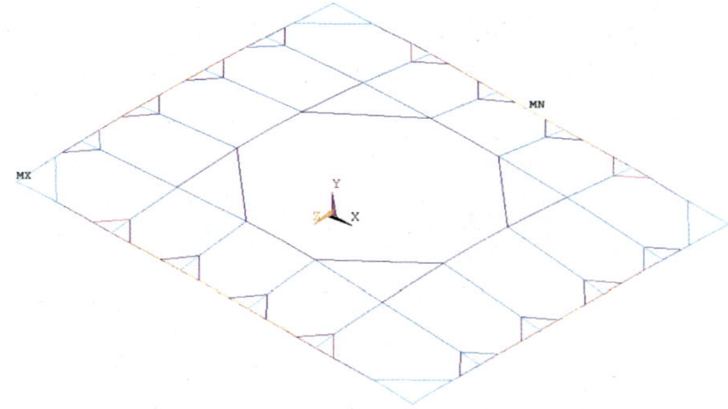

(a) 第一工况

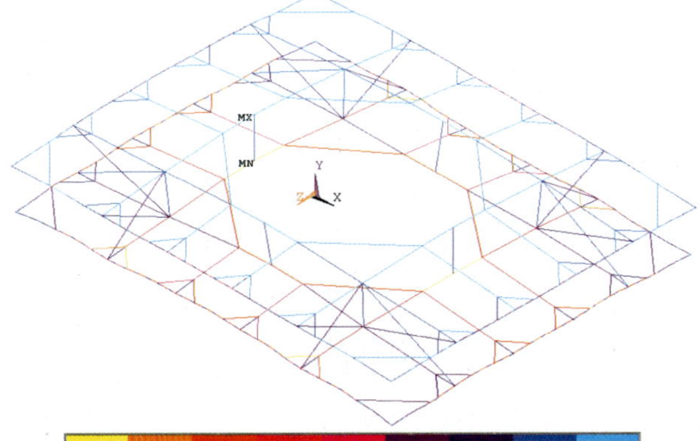

(b) 第二工况

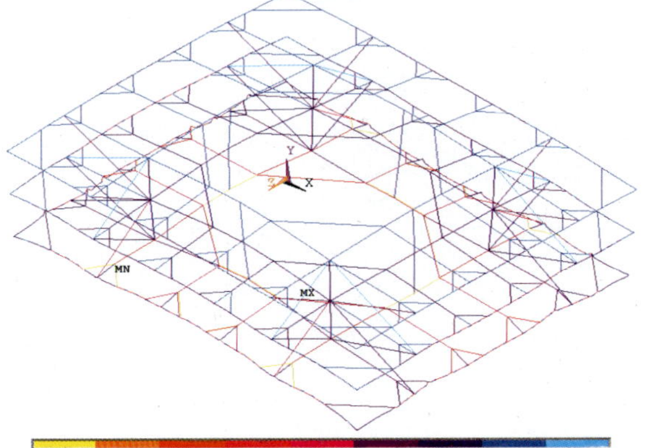

(c) 第三工况

图 4-36

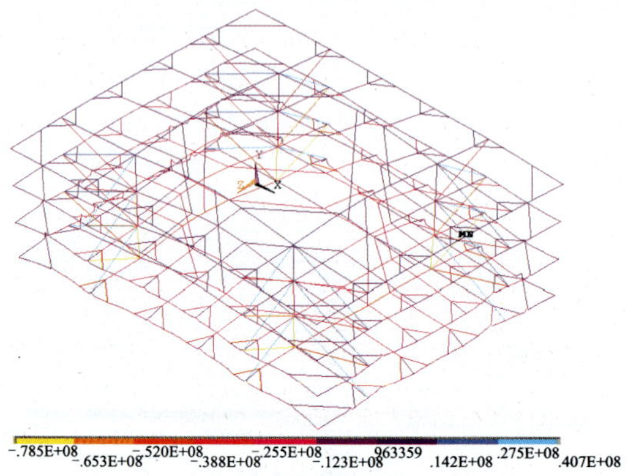

(d) 第四工况

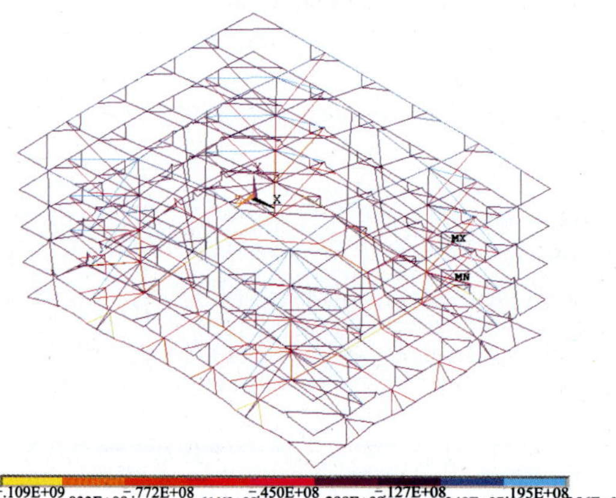

(e) 第五工况

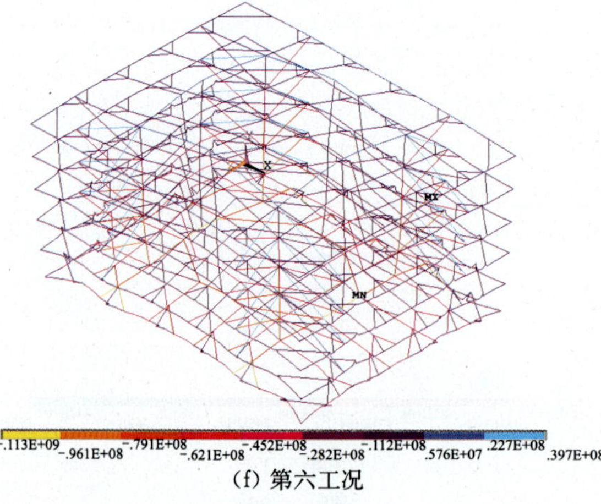

(f) 第六工况

图 4-36

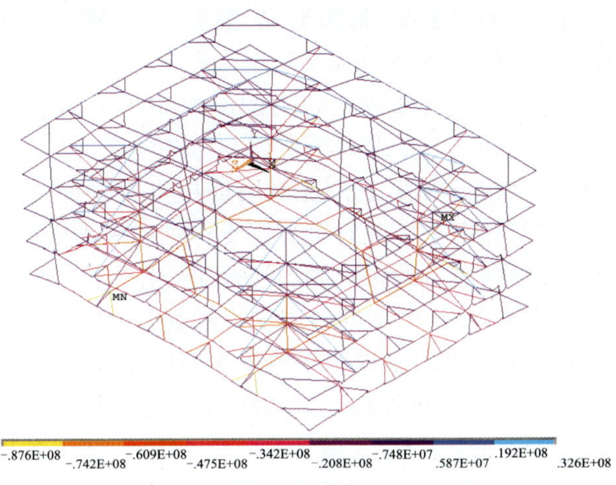

(g) 第七工况

图 4-36　不同工况条件下围檩和内支撑轴向应力分布图(单位:Pa)

由图 4-36 可知，七种工况下围檩和内支撑的轴向应力受压最大值分别为 10.3 MPa、54.3 MPa、80.4 MPa、78.5 MPa、109 MPa、113 MPa 和 87.6 MPa。从图 4-36 还可以看出，七种工况下围檩和内支撑的轴向应力受拉最大值分别为 0.8 MPa、11.2 MPa、19.5 MPa、40.7 MPa、35.6 MPa、39.7 MPa 和 32.6 MPa。这些值都远小于围檩和内支撑钢材的容许应力 145 MPa。

(2)围檩和内支撑轴向应力随各工况的变化情况

考虑到模型的对称性，取 1/4 模型对支撑应力进行分析。各层内支撑的 10 个内支撑位置编号如图 4-37 所示。

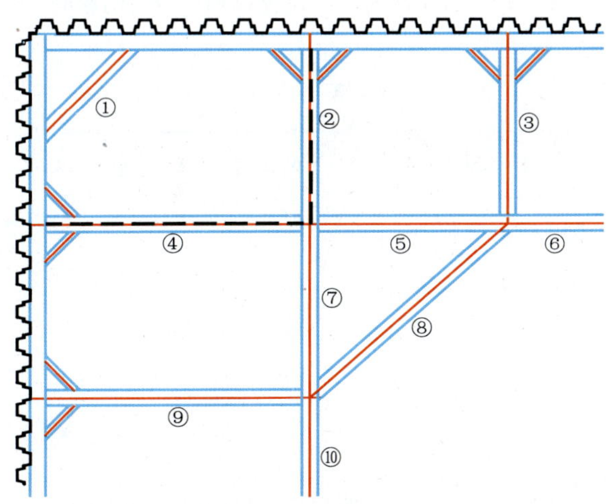

图 4-37　内支撑布置图

第一工况、第二工况、第三工况、第四工况、第五工况、第六工况和第七工况对第一层支撑轴向应力的影响如图 4-38 所示，第二工况、第三工况、第四工况、第五工况、第六工况和第七工况对第二层支撑轴向应力的影响如图 4-39 所示，第三工况、第四工况、第五工况、第六工况和第七工况对第三层支撑轴向应力的影响如图 4-40 所示，第四工况、第五工况、第六工况和第七工况对第四层支撑轴向应力的影响如图 4-41 所示，第五工况、第六工况和第七工况对第五层支撑轴向应力的影响如图 4-42 所示，第六工况对第六层支撑轴向应力的影响如图 4-43 所示。

由图 4-38～图 4-43 可以看到，下部各层支撑的安装对其上部支撑轴向应力的影响比较大。图 4-38 所示第一道内支撑由于位于水面以上，除了第一工况受到压应力作用以外，后六种工况各个内支撑杆件受到的应力都是拉应力(钢板桩与支撑之间焊接连接)，但是拉应力值都比较小，最大值为 11.22 MPa。其他各层内支撑位于水面以下，在水压力和土压力的共同作用下基本上都受压。

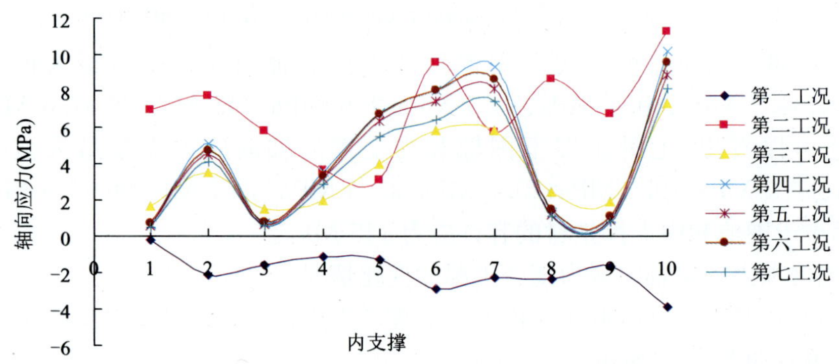

图 4-38 各工况对第一层支撑轴向应力的影响

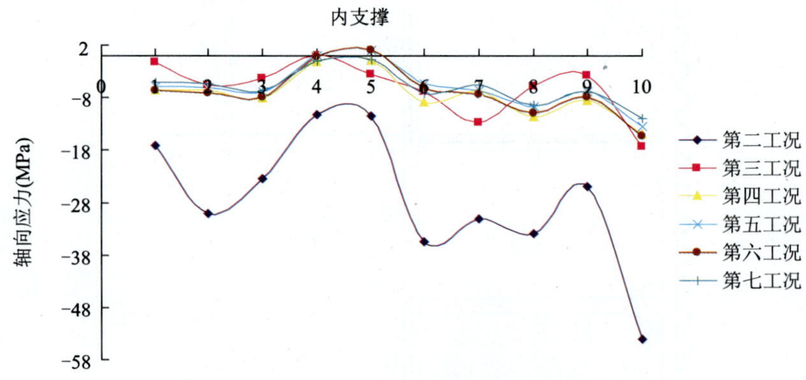

图 4-39 各工况对第二层支撑轴向应力的影响

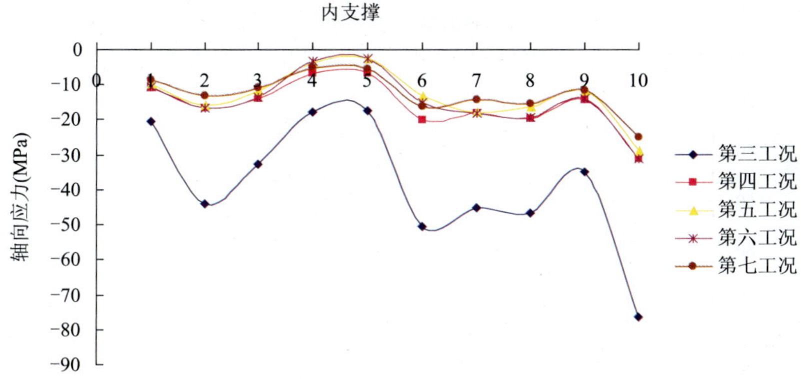

图 4-40　各工况对第三层支撑轴向应力的影响

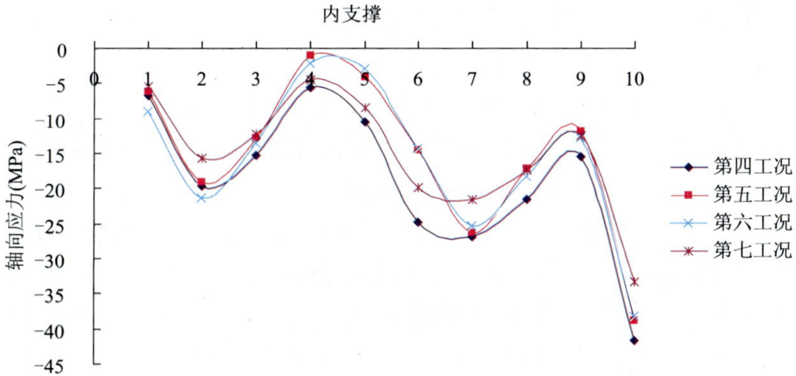

图 4-41　各工况对第四层支撑轴向应力的影响

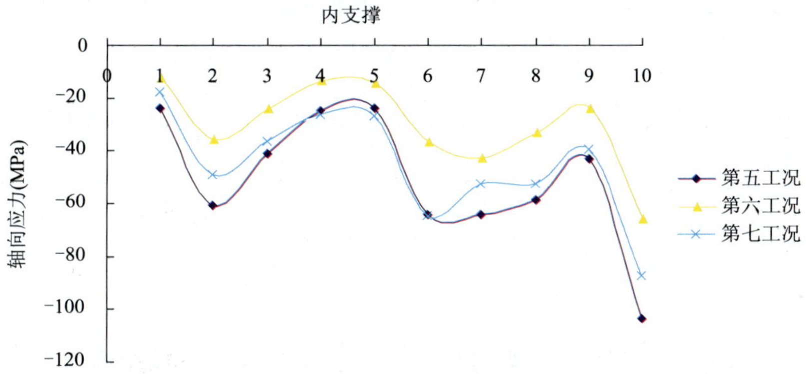

图 4-42　各工况对第五层支撑轴向应力的影响

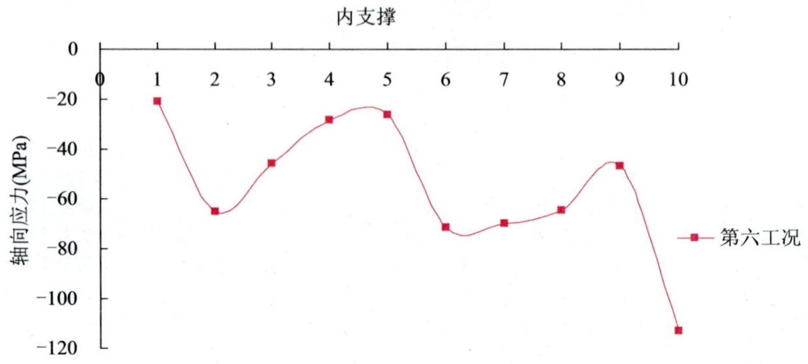

图 4-43　各工况对第六层支撑轴向应力的影响

由图 4-39 和图 4-40 可见，位于河床面以上的第二、三道支撑在安装并抽水后，受到的轴向应力较大，随着其他后续支撑的安装，应力有所减小，不到最大值的一半，最后达到相对稳定并随工况推进波动变化。对于图 4-41 和图 4-42 所示位于河床面以下的内支撑，应力随着工况也呈现波动变化，但变化范围不大。

对于各层内支撑而言，在七种工况下，每层内支撑的最大应力值都是在 10 号内支撑杆件的位置，即在平行于钢板桩围堰短边的中心内支撑杆件上。在各个工况下，其值分别为：第一层内支撑为 11.22 MPa，受拉，是在第二工况；第二层内支撑为 54.30 MPa，受压，是在第二工况；第三层内支撑为 76.36 MPa，受压，是在第三工况；第四层内支撑为 41.62 MPa，受压，是在第四工况；第五层内支撑为 103.24 MPa，受压，是在第五工况；第六层内支撑为 113.03 MPa，受压，是在第六工况。

7. 钢板桩内外侧土压力分析

钢板桩在受到外侧水土压力共同作用时，有向内变形的趋势。当钢板桩变形较大，外侧土体达到抗剪强度时，这时外侧的土压力就是主动土压力，主动土压力公式为：

$$p_a = \gamma z\tan^2\left(45^\circ - \frac{\varphi}{2}\right) - 2c\tan\left(45^\circ - \frac{\varphi}{2}\right) \tag{4-4}$$

而钢板桩内侧土体达到抗剪强度时，这时内侧的土压力就是被动土压力，被动土压力公式为：

$$p_p = \gamma z\tan^2\left(45^\circ + \frac{\varphi}{2}\right) + 2c\tan\left(45^\circ + \frac{\varphi}{2}\right) \tag{4-5}$$

为便于比较，还计算了静止土压力，计算公式为：

$$p_0 = \gamma z(1 - \sin\varphi) \tag{4-6}$$

有限元软件计算的钢板桩围堰外侧土压力和上述朗肯主动土压力、静止土压力计算结果对比如图 4-44 所示，钢板桩围堰内侧土压力和上述朗肯被动土压力、静止土压力计算结果对比如图 4-45 所示。

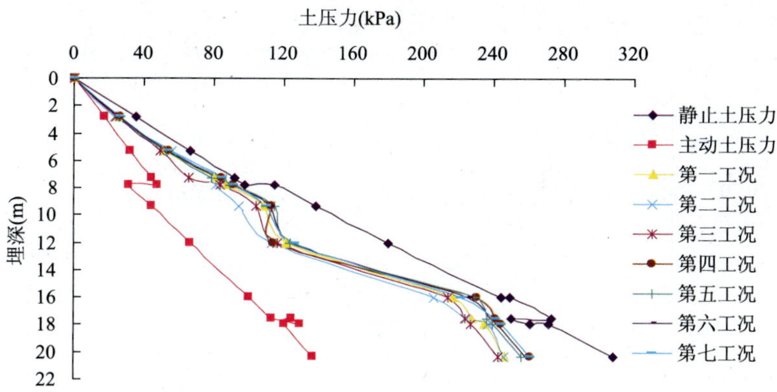

图 4-44 钢板桩围堰外侧土压力

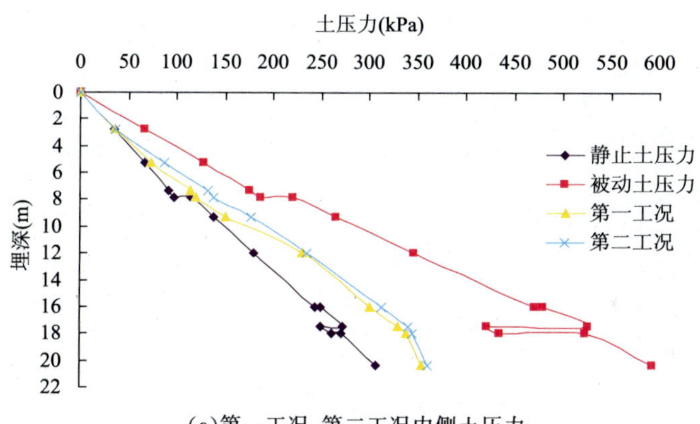

(a)第一工况、第二工况内侧土压力

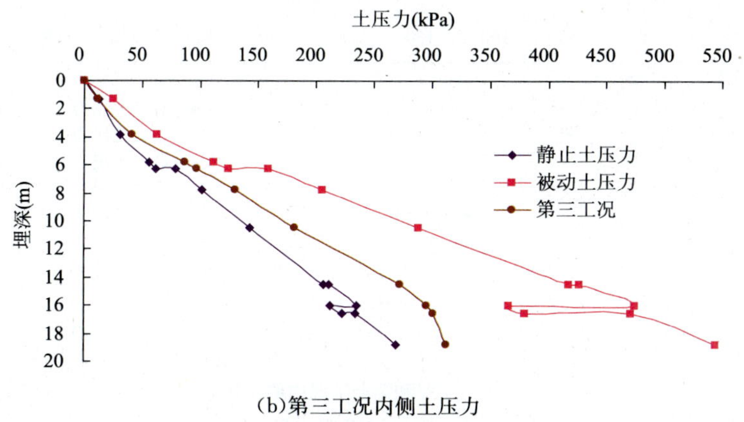

(b)第三工况内侧土压力

图 4-45

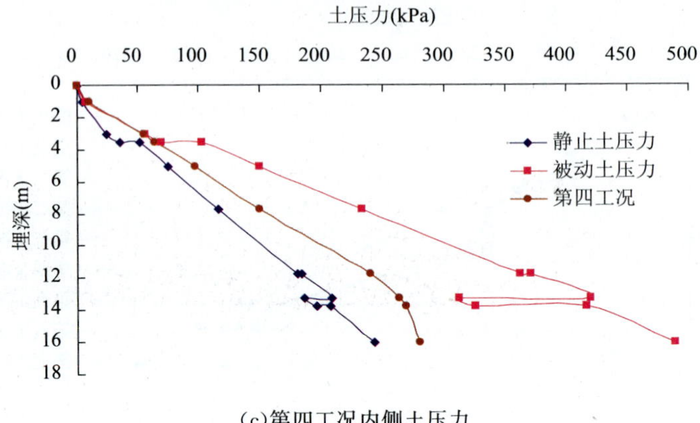

(c)第四工况内侧土压力

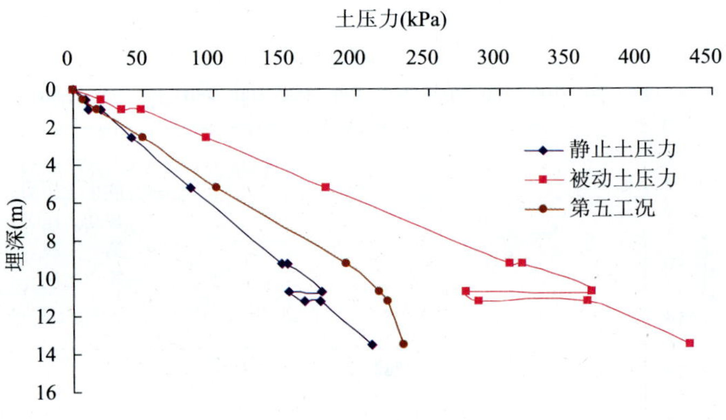

(d)第五工况内侧土压力

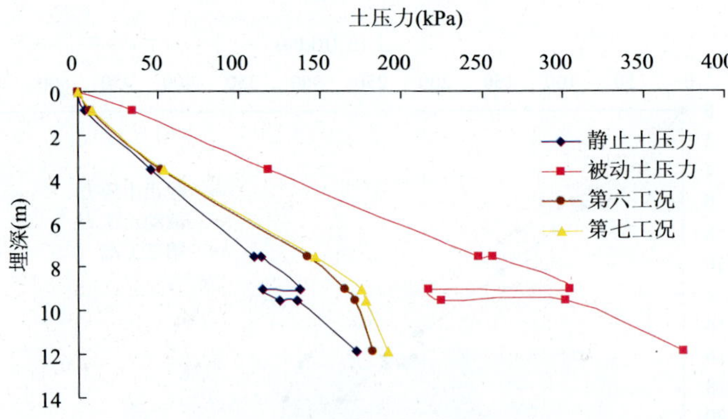

(e)第六工况和第七工况内侧土压力

图 4-45　钢板桩围堰内侧土压力

图 4-44 可知，采用钢板桩、围檩、内支撑和土层相互作用三维整体有限元模型得到的外部土压力随埋深基本成折线分布，大小基本位于静止土压力和主动土压力之间，并靠近静止土压力。这是由于施工过程中钢板桩变形较小，土压力基本还是侧土压力造成的。计算结果同时表明，不同工况对土压力的影响不大，因为不同工况下土层变形变化不大。常规设计都假设钢板桩外部土压力为主动土压力，与埋深成线性关系；但由于外部土层的变形不可能使其处于极限破坏状态，所以钢板桩外部土压力不可能完全处于主动土压力，而应该比主动土压力要大；并且土压力随埋深不会呈直线分布，与桩身变形有关。

由图 4-45 发现，采用钢板桩、围檩、内支撑和土层相互作用三维整体有限元模型得到的内部土压力随埋深也成折线分布，基本上都靠近静止土压力，这也与土层变形较小有关。常规设计假设钢板桩内部土压力为被动土压力，按照朗肯被动土压力公式或者库仑被动土压力公式进行计算，与埋深成线性关系。但由于内部土层受到三维应力的作用，很难处于极限破坏状态，所以钢板桩内部土压力不可能完全处于被动土压力状态，而应该比被动土压力要小。从另一方面来说，即使钢板桩围堰外部的土层变形使其达到主动极限平衡状态，同样大小的变形量也不会使得钢板桩围堰内部土压力达到被动极限平衡状态。

综上所述，由于钢板桩围堰在施工过程中的变形较小，使得土层的变形也相应较小，因此，作用在钢板桩上的土压力接近于静止土压力。而常规的钢板桩围堰设计计算都假设作用在钢板桩的土压力为朗肯主动土压力和朗肯被动土压力，与实际情况有较大的出入。上述模拟分析的结果表明，设计采用的土压力比实际作用在钢板桩上的土压力要小，使得设计结果偏不安全。考虑到土压力的大小难以准确确定，建议在钢板桩围堰简化设计时，土压力的计算可采用静止土压力，计算结果偏于安全。

8. 模拟分析结果

通过对土层、钢板桩、围檩和内支撑的变形、应力随施工步的发展变化情况分析可知：选择的施工方案能够实现施工过程安全稳定，不会发生强度破坏，或变形破坏；而且，施工过程中抽水以后开挖基坑，能够加快施工速度，有效保证目标工期的实现。从理论分析和数值模拟的结果来看，该施工方案是合理可行的。

4.3.3 基底抗隆起验算

由于施工过程中没有进行水下封底混凝土施工，为了保证基坑底部开挖施工的安全，有必要验算基底抗隆起稳定性。基底抗隆起稳定性计算简图如图 4-46 所示，抗隆起稳定安全系数为：

$$K_s = \frac{\gamma_2 D N_q + c N_c}{\gamma_1 (H + D) + q} \tag{4-7}$$

式中　D——墙体入土深度(m)；

H——基坑开挖深度(m)；

γ_1，γ_2——墙体外侧及坑底土体重度(kN/m³)；

q——地面超载(kN/m²)；

N_c，N_q——地基承载力的系数，其计算表达式分别是

$$N_q = e^{\tan\varphi}\tan^2(45° + \varphi/2)，N_c = (N_q - 1)/\tan\varphi；$$

c，φ——围护墙底地基土黏聚力(kPa)和内摩擦角(°)。

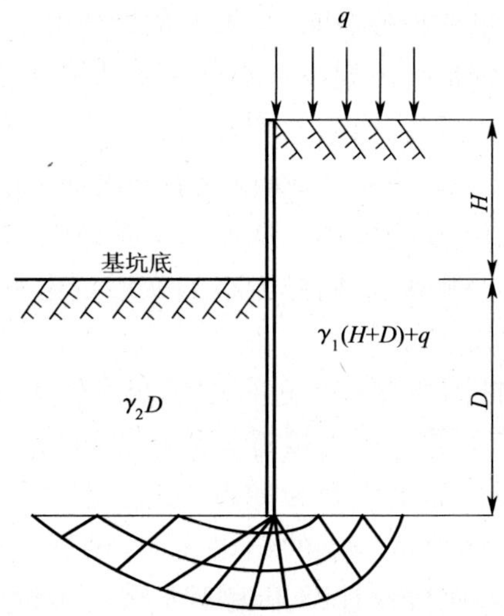

图 4-46　基底抗隆起稳定性计算图

$$N_q = e^{\tan\varphi}\tan^2(45° + \varphi/2) = e^{\tan 14.9°}\tan^2(45° + 14.9°/2) = 3.903$$

$$N_c = (N_q - 1)/\tan\varphi = (3.903 - 1)/\tan 13.1° = 10.910$$

$$\gamma_1 = \frac{8.2\times19.1 + 3.8\times19.6 + 4\times19.82 + 1.5\times19.76 + 0.5\times20.2 + 2.94\times19.89}{20.94}$$

$$= 19.51\ \text{kN/m}^3$$

$$\gamma_2 = \frac{3.56\times19.6 + 4\times19.82 + 1.5\times19.76 + 0.5\times20.2 + 2.94\times19.89}{12.5}$$

$$= 19.78\ \text{kN/m}^3$$

$$K_s = \frac{\gamma_2 D N_q + c N_c}{\gamma_1 (H + D) + q} = \frac{19.78\times12.5\times3.903 + 36.8\times10.910}{19.51\times(8.44 + 12.5) + 85.6} = 2.76 > 1.6$$

可见，基底抗隆起稳定性满足规范要求。

4.4　考虑流水压力的超长钢板桩围堰施工过程分析

由于钢板桩围堰施工通常耗时几个月，甚至更长，在这期间可能会受到洪水或暴风雨的威胁。这种情况下，钢板桩围堰受到的荷载不仅有静水压力，还有风荷载、流水压力和波浪荷载的作用，因此，有必要对钢板桩围堰在这些复杂荷载作用下的稳定性进行评估。

4.4.1　流水压力计算荷载

流水压力影响主要体现在流水对围护结构体系的影响，表现为流水对钢板桩外表面的分布压力，主要作用在阻水面上。位于流水中的钢板桩，其上游迎水面受到流水压力，流水压力的大小与钢板桩的平面形状、板桩表面的粗糙率、水流速度、水流形态、水温及水的黏性有关。如果钢板桩做成圆形、圆端形或尖端形，则可以减小流水压力。当流速大于 10 m/s 时，应考虑水流的动力作用因素，即考虑水流的脉动冲击压力。

工程中流水压力常用的计算公式有两个，一个是《港口工程荷载规范》(JTJ 215—98)中规定的水流力，另一个是《公路桥涵设计通用规范》(JTG D60—2004)中规定的流水压力，具体如下：

(1)《港口工程荷载规范》(JTJ 215—98)中规定，作用于港口工程结构上的水流力标准值 F_W，可按下式计算：

$$F_W = C_W \frac{\rho}{2} V^2 A \tag{4-8}$$

式中　F_W——水流力标准值(kN)；

V——水流设计流速(m/s)；

C_W——水流阻力系数；

ρ——水的密度(kg/m³)，淡水 $\rho = 1\ 000\ \mathrm{kg/m^3}$；

A——计算构件在与流向垂直平面上的投影面积，即迎水面积(m²)。

由于流水压力是面荷载，因此分析中可以将流水压力平均分布作用在钢板桩迎水面上，从而得到钢板桩迎水面上的水流面荷载。上述公式可以转变为如下流水压强计算公式：

$$f_W = C_W \frac{\rho}{2} V^2 \tag{4-9}$$

(2)《公路桥涵设计通用规范》(JTG D60—2004)第 4.3.8 条规定，作用在桥墩上的流水压力标准值可按下式计算：

$$F_W = KA \frac{\gamma V^2}{2g} \tag{4-10}$$

式中 F_W——水流压力标准值(kN)；

γ——水的重力密度(kN/m³)；

V——设计流速(m/s)；

A——桥墩阻水面积(m²)，计算至一般冲刷线处。

g——标准自由落体加速度，$g=9.81\ m/s^2$；

K——桥墩形状系数，如表 4-3 所示。

表 4-3 桥墩形状系数

桥墩形状	K	桥墩形状	K
方形桥墩	1.5	尖端形桥墩	0.7
矩形桥墩(长边与水流平行)	1.3	圆端形桥墩	0.6
圆形桥墩	0.8		

同理，可将上式可以转变为钢板桩表面压力计算公式：

$$f_W = K\frac{\gamma V^2}{2g} \tag{4-11}$$

经过试算对比，按照《公路桥涵设计通用规范》计算的流水压力值要大一些，从安全角度考虑，取较大值计算，故分析中采用《公路桥涵设计通用规范》中的公式计算。

根据《阜六铁路颍河特大桥工程防洪评价报告》的成果，桥址处颍河百年一遇设计洪水位为 $H_{1/100}=32.84$ m，最大流量5 160 m³/s，最大流速 1.79 m/s；五年一遇设计洪水位为 $H_{1/5}=27.86$ m，流量 1 900 m³/s，断面平均流速 0.97 m/s。由于颍河特大桥桥址处所处位置风力较小，所以不用考虑风荷载和波浪荷载的作用。只考虑流水压力作用，按最大流速进行计算得到 $f_W=2.45$ kPa，流水压力作用大小和位置如图 4-47 所示。流水压力只作用在阻水面上，阻水面积大小为 114.24 m²，其他三个面不考虑流水压力的作用。根据水文地质资料的设计流速大小，可以不考虑流水压力的动力效应。

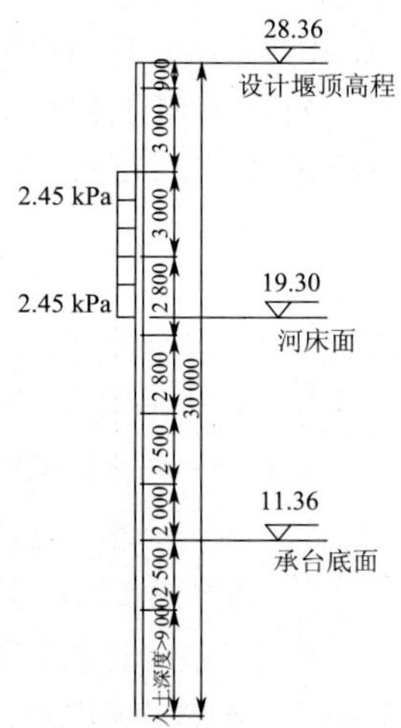

图 4-47 流水压力作用大小和位置

4.4.2 计算结果分析

1. 土层变形的分布情况

流水压力作用面是在钢板桩围堰的短边，也就是垂直于钢板桩桩身超出河床面的部分。在考虑流水压力下，七个工况下土层 X 方向的变形和 Z 方向的变形分别如图 4-48 和图 4-49 所示。

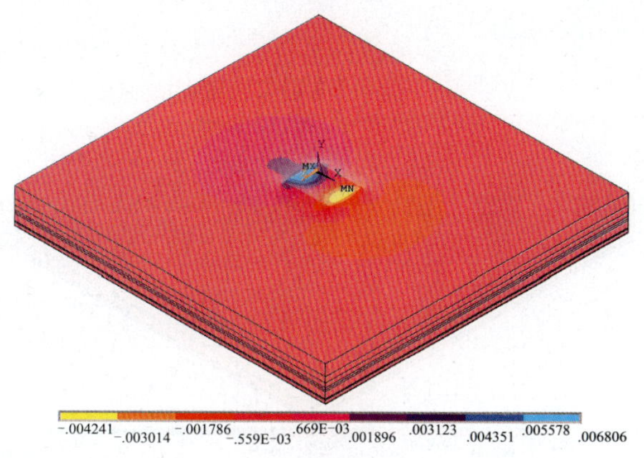

(a) 第一工况

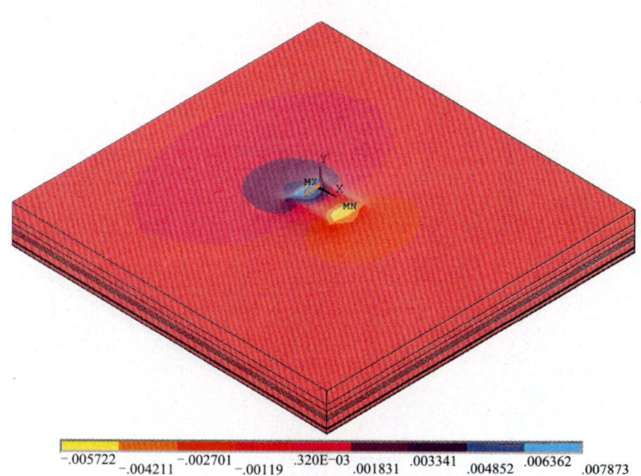

(b) 第二工况

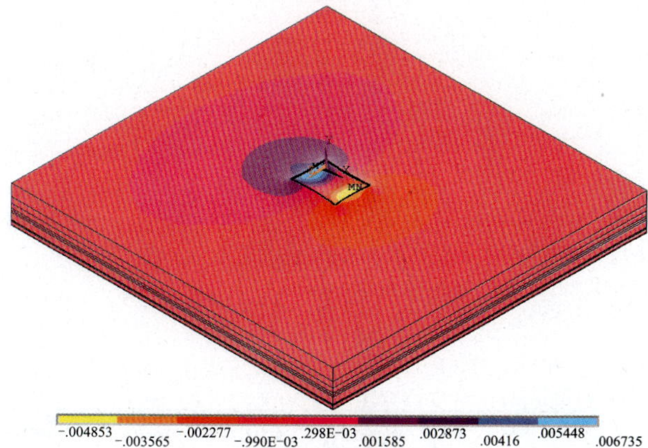

(c) 第三工况

图 4-48

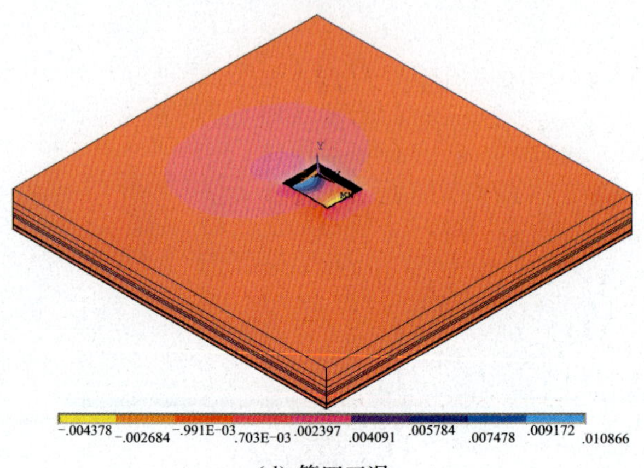

(d) 第四工况

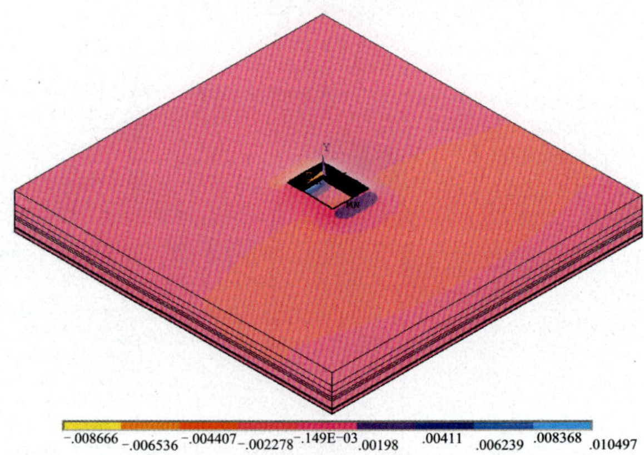

(e) 第五工况

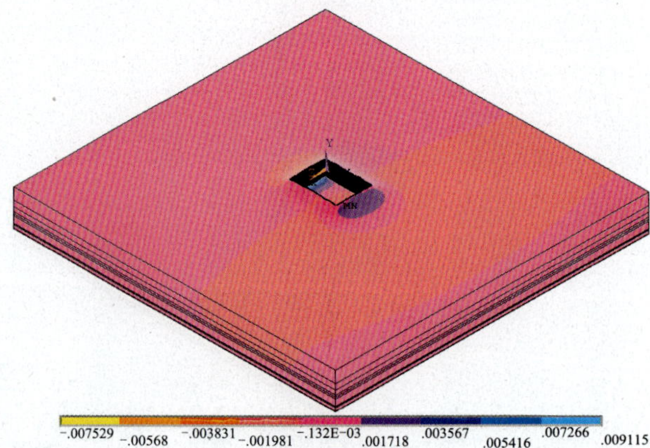

(f) 第六工况

图　4-48

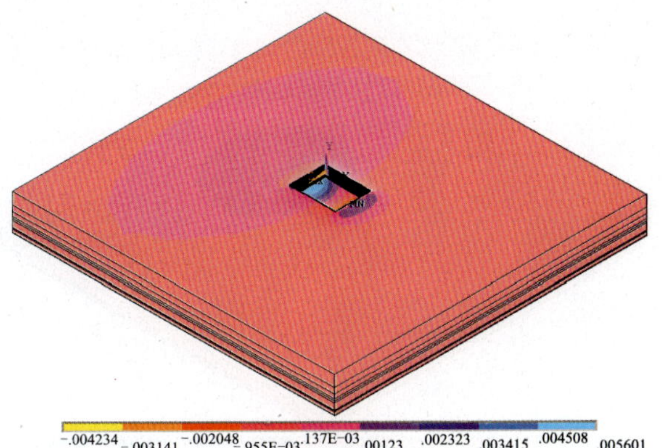

(g) 第七工况

图 4-48　土层 X 方向的变形(单位:m)

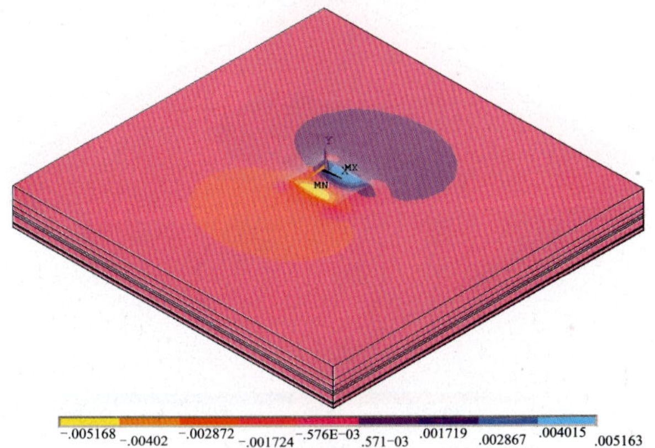

(a) 第一工况

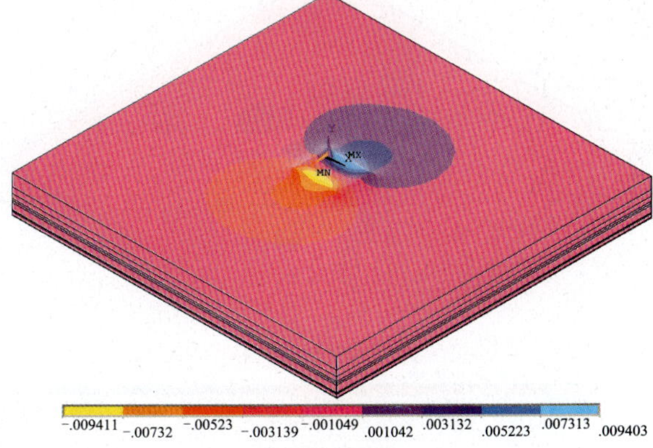

(b) 第二工况

图　4-49

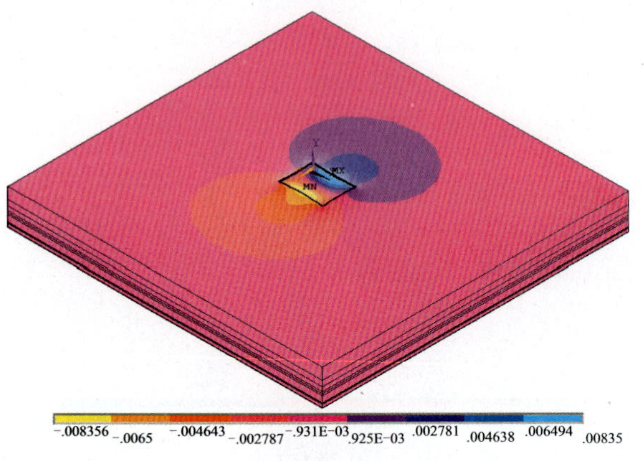

(c) 第三工况

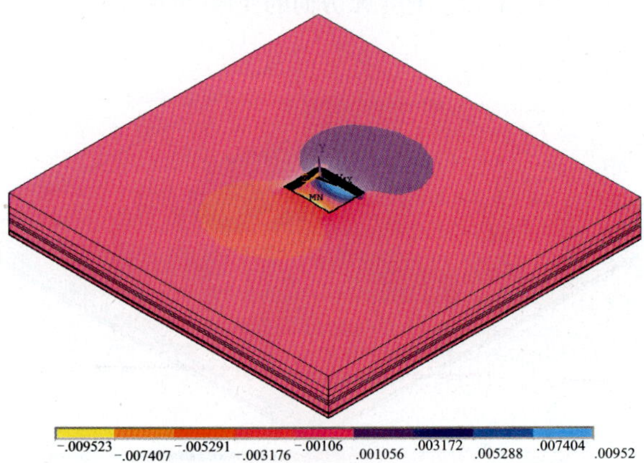

(d) 第四工况

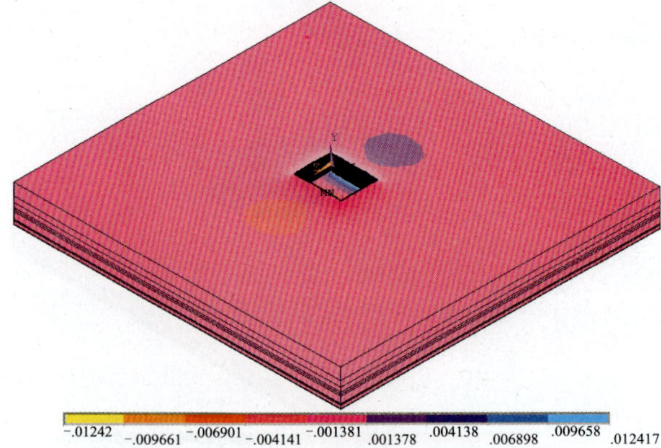

(e) 第五工况

图　4-49

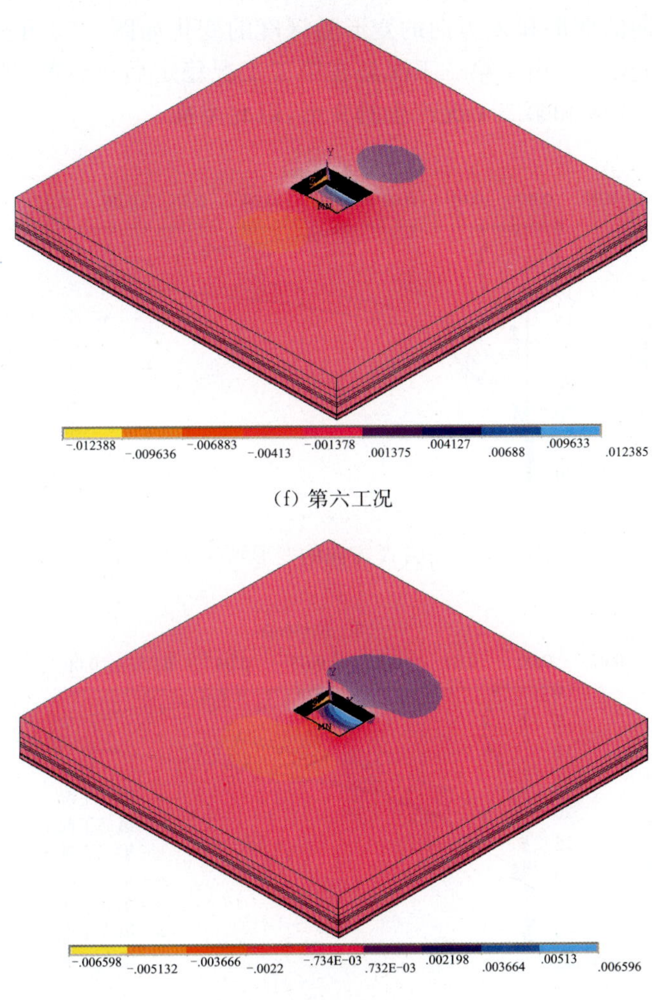

(f) 第六工况

(g) 第七工况

图 4-49 土层 Z 方向的变形(单位:m)

从图 4-48 得到,七种工况下土层 X 方向变形的最大值分别为 6.8 mm、7.9 mm、6.7 mm、10.9 mm、10.5 mm、9.1 mm 和 5.6 mm。从图 4-49 得到,七种工况下土层 Z 方向变形的最大值分别为 5.2 mm、9.4 mm、8.4 mm、9.5 mm、12.4 mm、12.4 mm 和 6.6 mm。

通过对比图 4-23 和图 4-48 以及图 4-24 和图 4-49 可知,相比不考虑流水压力的作用,各工况情况下土层 X 方向变形的最大值有所增加;土层 Z 方向变形的最大值变化很小,几乎可以忽略不计。由于流水压力作用,X 方向位移不再对称。

2. 土层变形随各工序的变化情况

土层 X 方向的变形和 Z 方向的变形随深度的变化如图 4-50 和图 4-51 所示，这里的变形是累计变形。由于第三工况是在第二工况稳定后进行的，所以第三工况的变形要加上第一工况和第二工况产生的变形，以此类推。

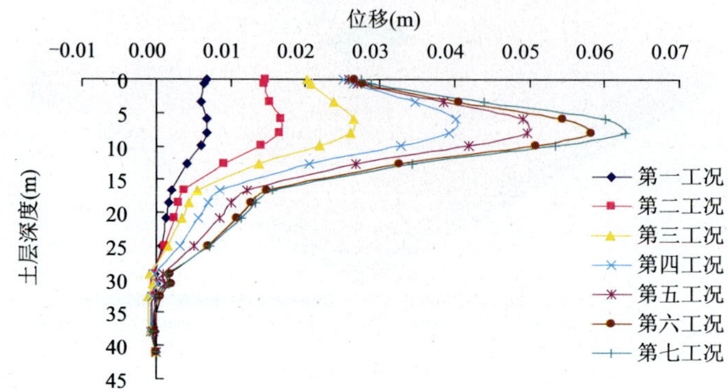

图 4-50　土层 X 方向的变形随深度的变化

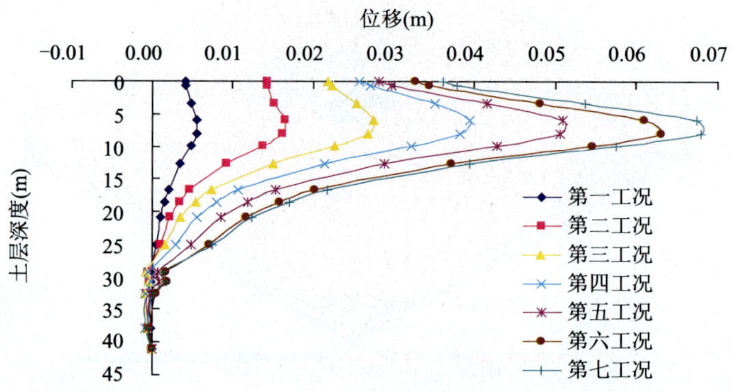

图 4-51　土层 Z 方向的变形随深度的变化

比较图 4-25 和图 4-50 可见，不考虑流水压力的作用，土层 X 方向的变形最大值为 49.8 mm；考虑流水压力作用，土层 X 方向的变形最大值为 62.8 mm，增加 13.0 mm。比较图 4-26 和图 4-51 可知，不考虑流水压力的作用，土层 Z 方向的变形最大值为 68.7 mm；考虑流水压力作用，土层 Z 方向的变形最大值为 67.9 mm，减小 0.8 mm。原因在于流水压力只作用在阻水面上，只在垂直于 X 方向的面起作用。

3. 钢板桩桩身变形情况

考虑流水压力作用，七个工况下，钢板桩 X 方向的变形如图 4-52 所示；钢板桩 Z 方向的变形如图 4-53 所示。

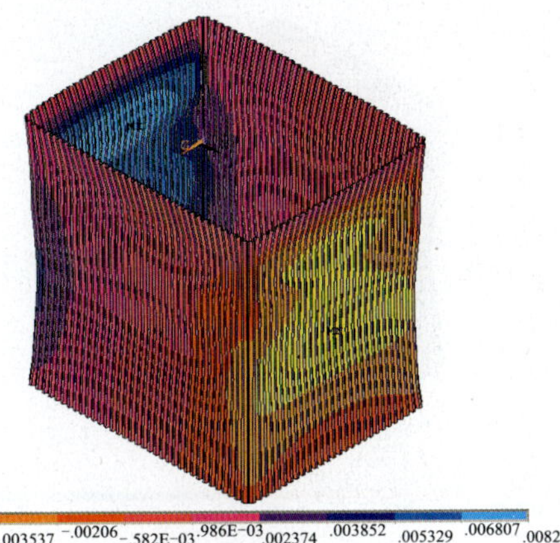

(a) 第一工况

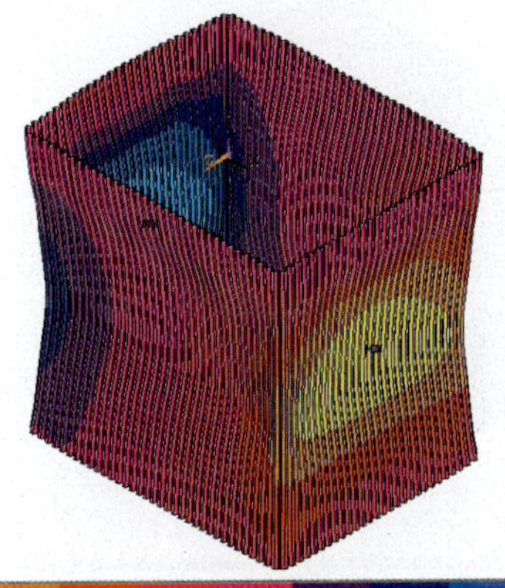

(b) 第二工况

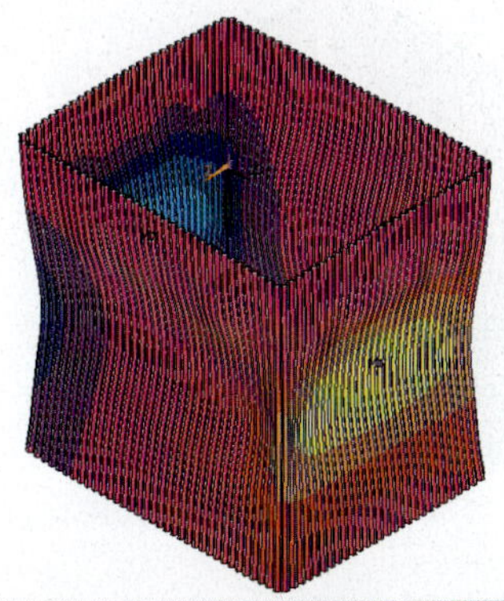

(c) 第三工况

图　4-52

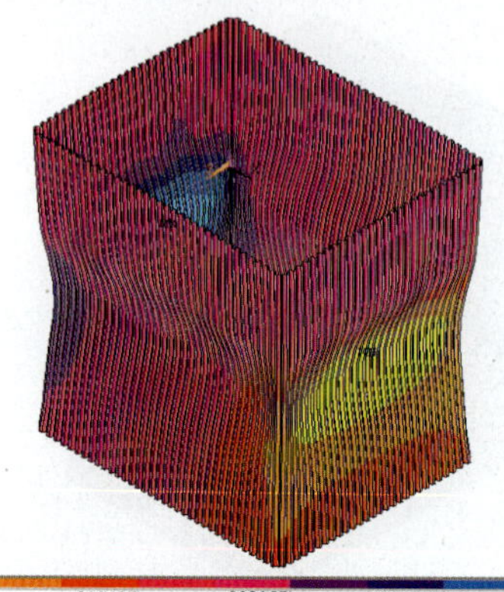

(d) 第四工况

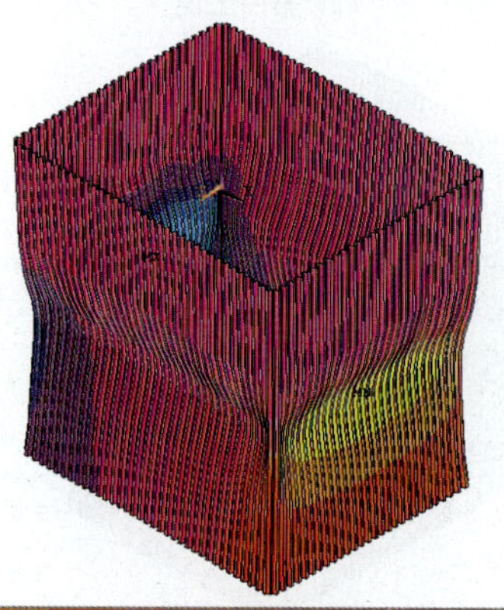

(e) 第五工况

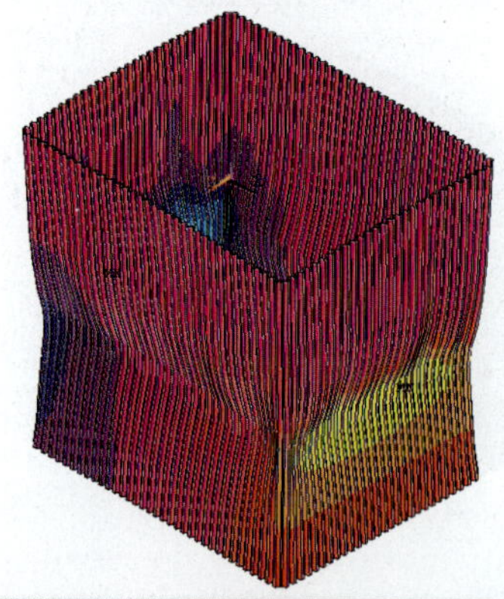

(f) 第六工况

图 4-52

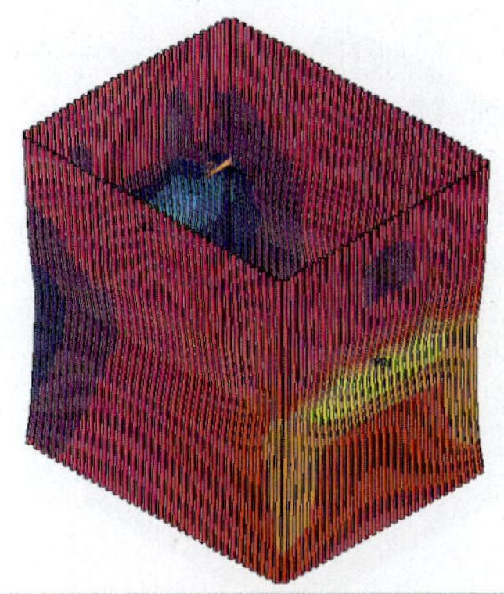

(g) 第七工况

图 4-52 钢板桩 X 方向变形(单位:m)

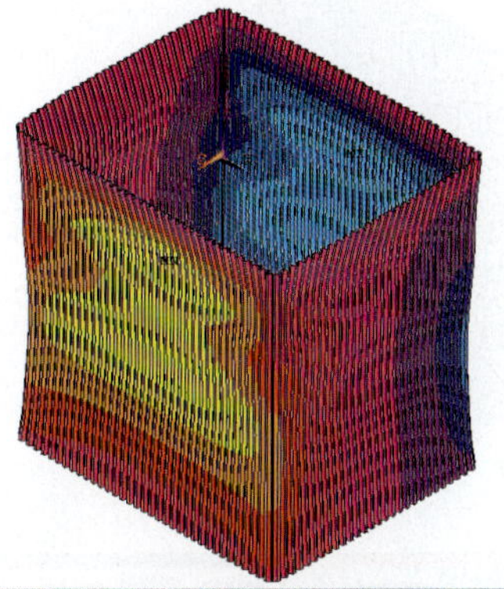

(a) 第一工况

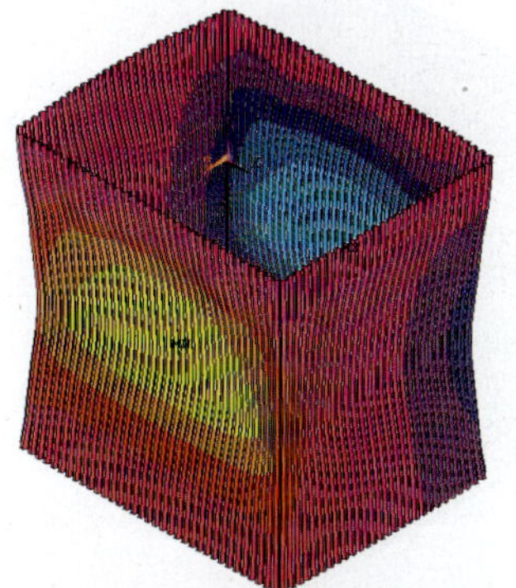

(b) 第二工况

图 4-53

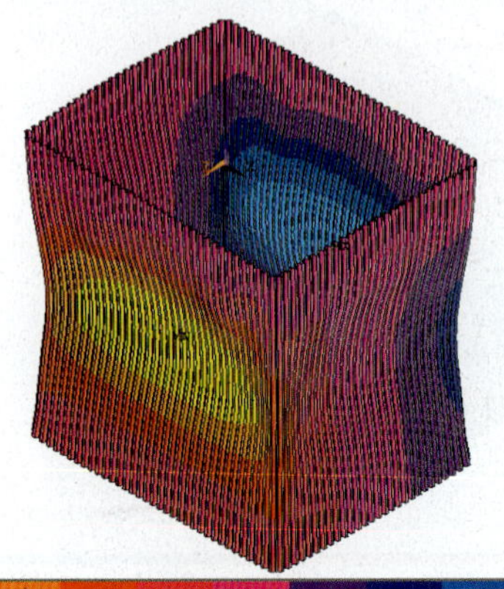

(c) 第三工况

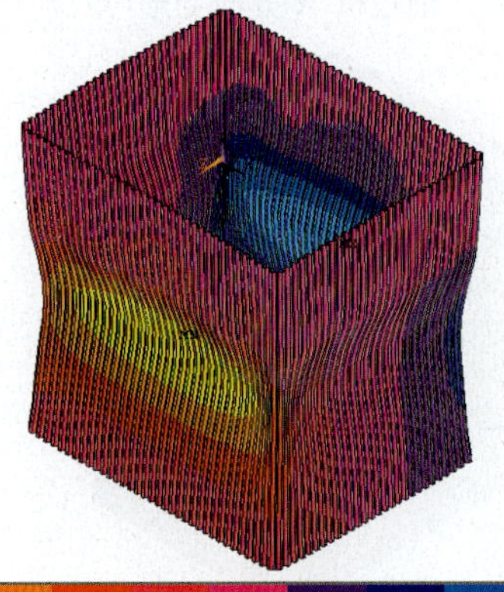

(d) 第四工况

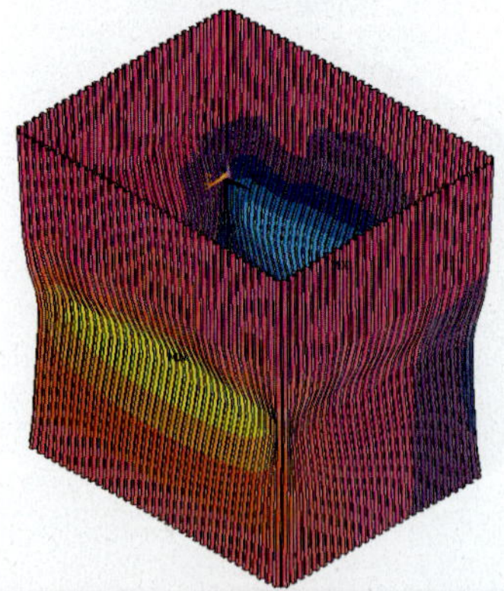

(e) 第五工况

图 4-53

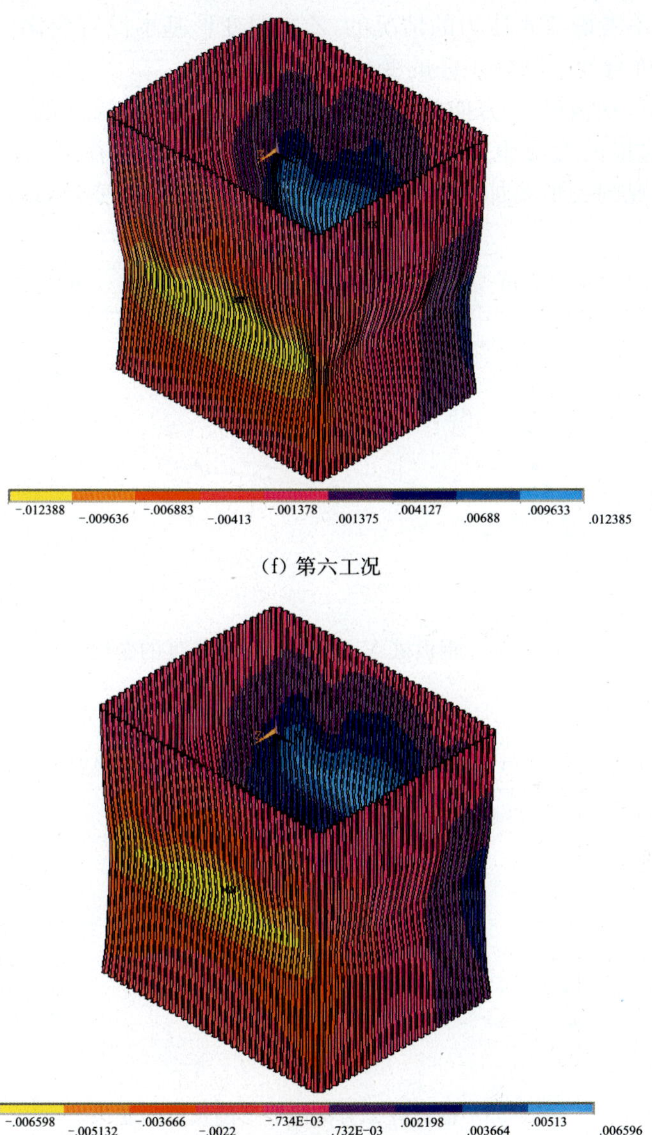

(f) 第六工况

(g) 第七工况

图 4-53　钢板桩 Z 方向变形(单位:m)

从图 4-52 得到,七种工况下钢板桩 X 方向中心线的变形最大值分别为8.3 mm、9.8 mm、9.8 mm、13.6 mm、10.5 mm、9.1 mm 和 5.6 mm。相比不考虑流水压力的情况的,X 方向变形有所增大。由图 4-53 可知,七种工况下钢板桩 Z 方向中心线的变形最大值分别为 5.6 mm、11.0 mm、11.1 mm、11.9 mm、12.4 mm、12.4 mm 和

6.6 mm。相比不考虑流水压力的情况的，Z 方向变形基本没有变化。

4. 钢板桩桩身变形随各工序的变化情况

七个工况下，钢板桩 X 方向的变形和 Z 方向的变形随长度的变化如图 4-54 和图 4-55 所示，这里的变形也是累计变形。由于第三工况是在第二工况稳定后进行的，所以第三工况的变形要加上第一工况和第二工况产生的变形，以此类推。

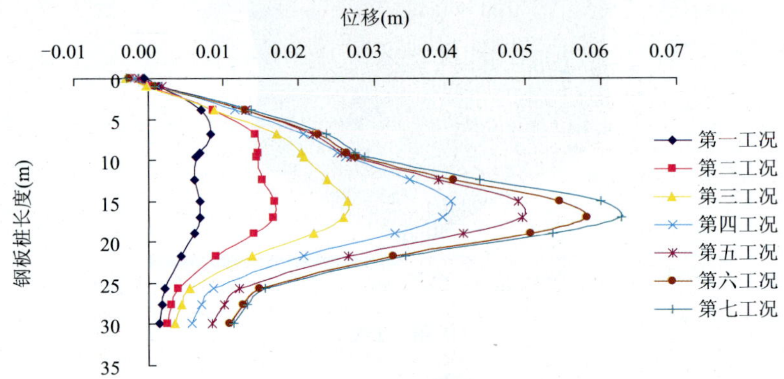

图 4-54　钢板桩 X 方向的变形随长度的变化

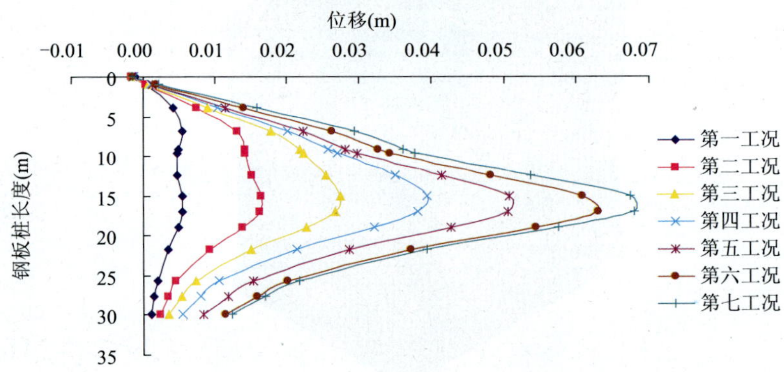

图 4-55　钢板桩 Z 方向的变形随长度的变化

由图 4-54 和图 4-55 可知，相比不考虑流水压力作用，在流水压力作用下，钢板桩桩身变形随着工况的变化规律基本一致。钢板桩 X 方向的最终变形增加不到 14 mm，钢板桩 Z 方向的最终变形几乎跟没有考虑流水压力作用一样。计算结果表明，颍河特大桥深水基础施工的流水压力对钢板桩的桩身变形影响不大。

5. 钢板桩等效应力的分布情况

考虑流水压力作用，不同工况条件下钢板桩等效应力的分布情况如图 4-56 所示。

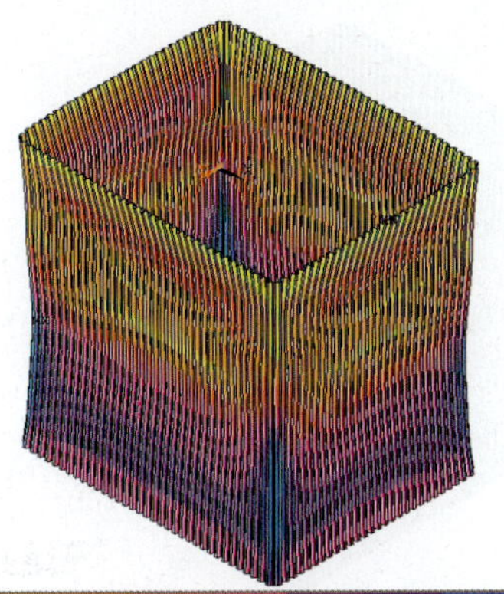

102256　.270E+07　.529E+07　.788E+07　.105E+08　.131E+08　.157E+08　.183E+08　.208E+08　.234E+08

(a) 第一工况

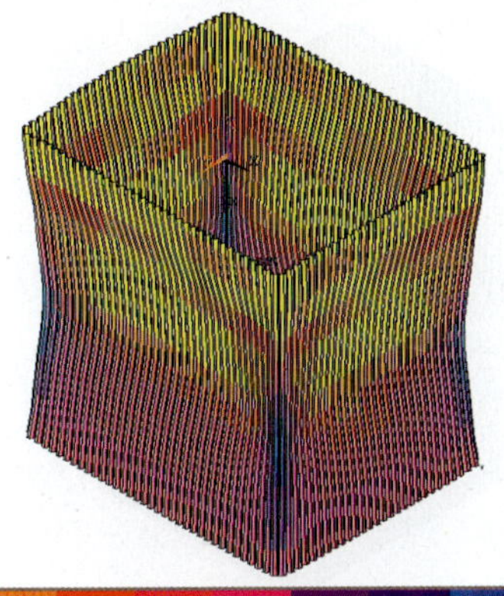

218480　.697E+07　.137E+08　.205E+08　.272E+08　.340E+08　.407E+08　.475E+08　.543E+08　.610E+08

(b) 第二工况

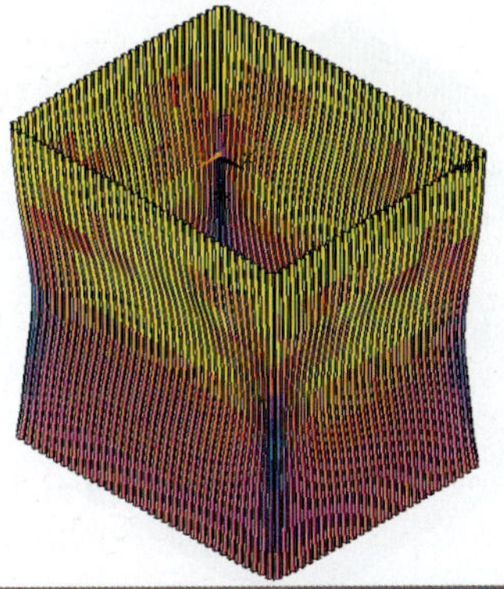

127789　.689E+07　.137E+08　.204E+08　.272E+08　.339E+08　.407E+08　.475E+08　.542E+08　.610E+08

(c) 第三工况

图　4-56

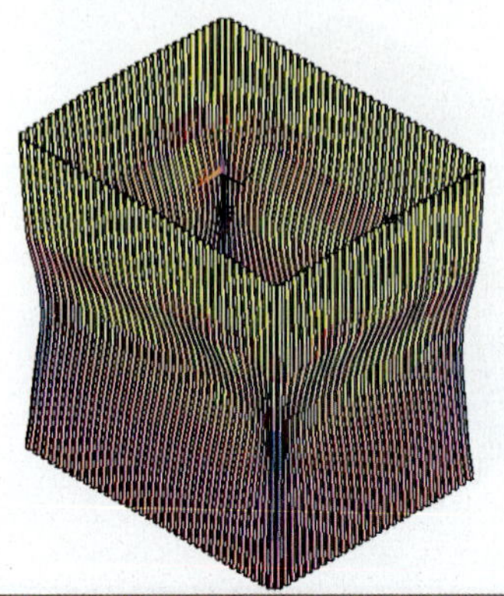

(d) 第四工况

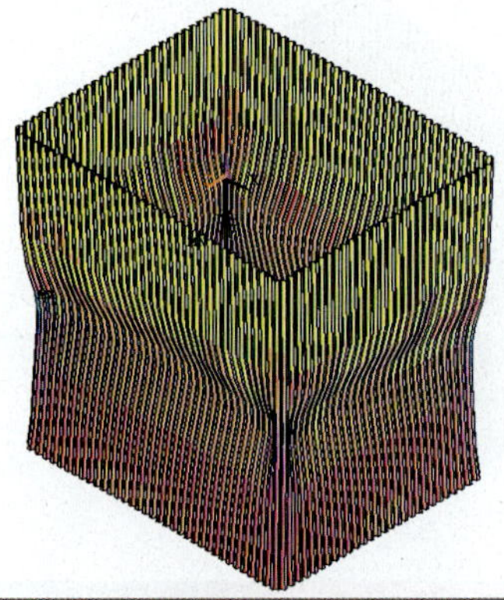

(e) 第五工况

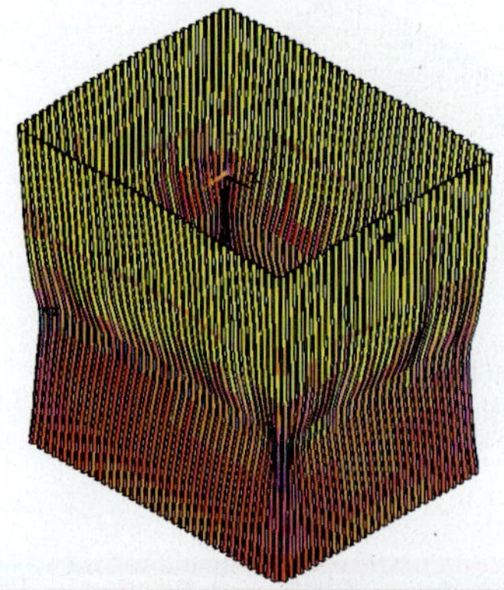

(f) 第六工况

图　4-56

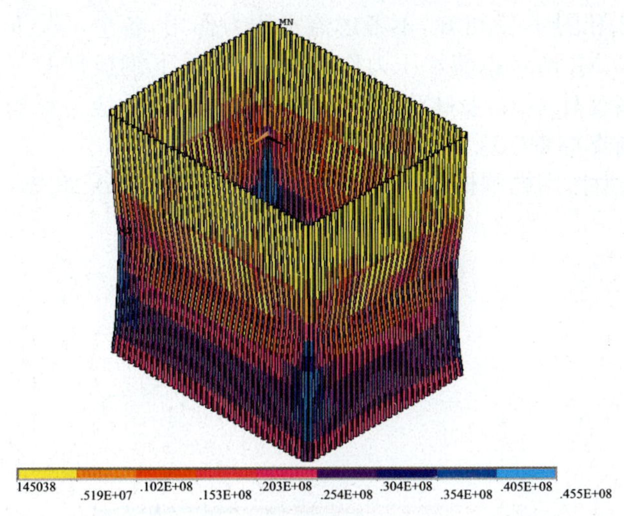

(g) 第七工况

图 4-56　不同工况条件下钢板桩等效应力(单位:Pa)

从图 4-56 可以看出,七种工况下钢板桩的等效应力最大值分别为 23.4 MPa、61.0 MPa、61.0 MPa、64.1 MPa、77.7 MPa、77.4 MPa 和 45.5 MPa。这些值都远小于钢板桩材料的容许应力 200 MPa。相比不考虑流水压力的情况,各工况下钢板桩的等效应力最大值变化不大。

6. 钢板桩等效应力随各工序的变化情况

从图 4-56 还可以看出,由于边角效应的影响,各种工况下等效应力的最大值集中在四个角边。考虑到模型对称性和边界条件对称性,取一个角边为研究对象来探讨钢板桩的等效应力沿钢板桩长度的分布规律。七种工况下,钢板桩的等效应力随长度的变化情况如图 4-57 所示。

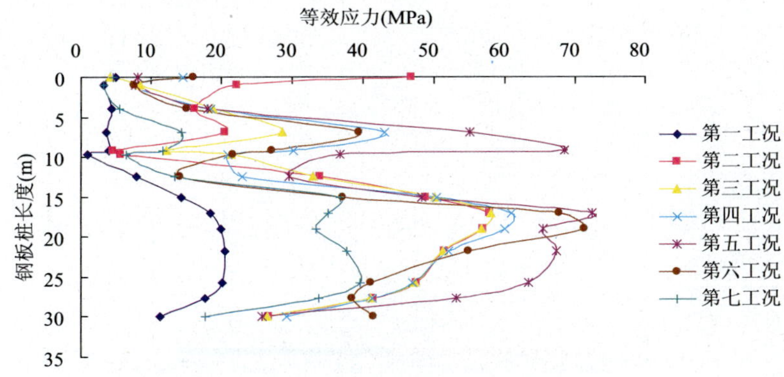

图 4-57　钢板桩的等效应力随长度的变化

分析图 4-33 和图 4-57 可知，不考虑流水压力作用，各个工况下钢板桩的等效应力最大值为 74.0 MPa；考虑流水压力作用，各个工况下钢板桩的等效应力最大值为 72.4 MPa。两者变化不大，意味流水压力对钢板桩的等效应力影响不大。

7. 围檩和内支撑轴向应力的分布情况

考虑流水压力作用的围檩和内支撑轴向应力的分布情况如图 4-58 所示。

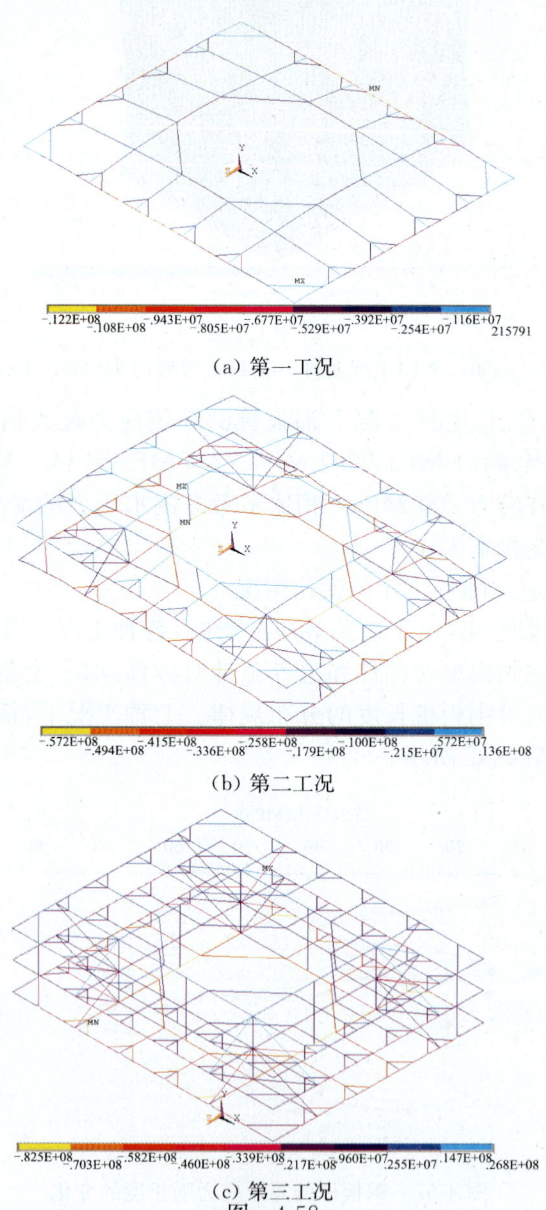

(a) 第一工况

(b) 第二工况

(c) 第三工况

图　4-58

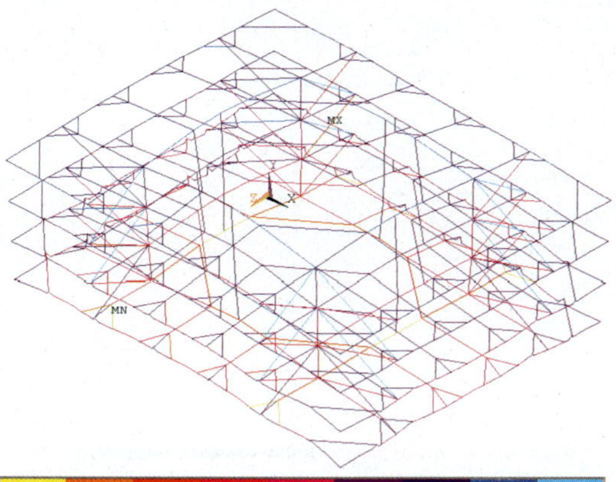

(d) 第四工况

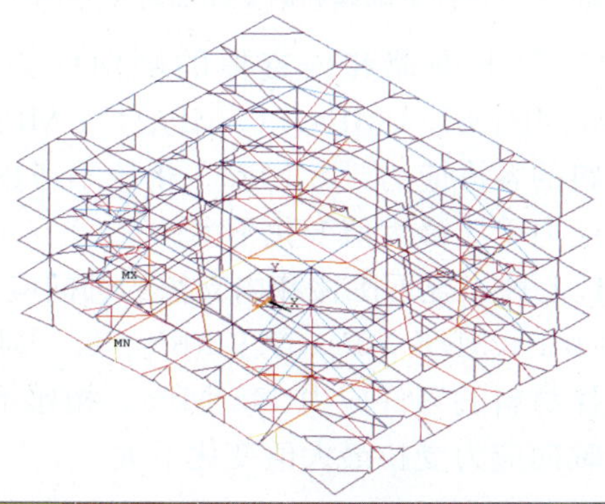

(e) 第五工况

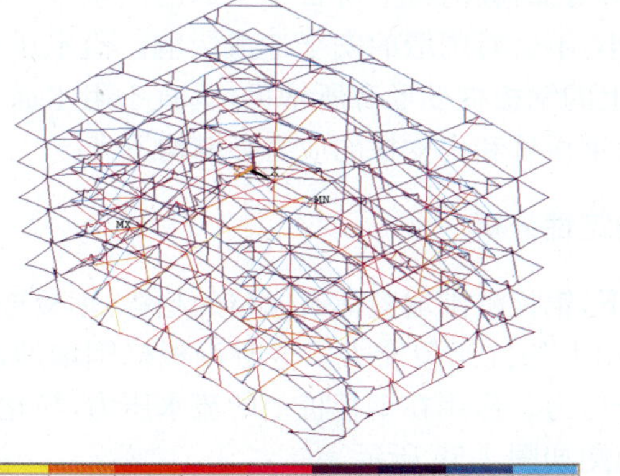

(f) 第六工况

图 4-58

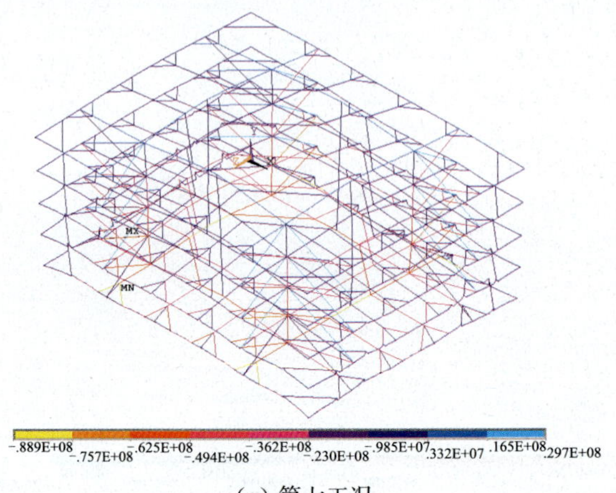

(g) 第七工况

图 4-58　不同工况条件下围檩和内支撑轴向应力(单位:Pa)

由图 4-58 可知,七种工况下围檩和内支撑的轴向应力受压最大值分别为 12.2 MPa、57.2 MPa、82.5 MPa、81.9 MPa、110 MPa、121 MPa 和 88.9 MPa。这些值都小于围檩和内支撑材料的容许应力 145 MPa。相比不考虑流水压力情况,各工况下围檩和内支撑的轴向应力受压最大值变化不大。

从图 4-58 还可以看出,七种工况下围檩和内支撑的轴向应力受拉最大值分别为 0.2 MPa、13.6 MPa、26.8 MPa、31.6 MPa、39.9 MPa、43.3 MPa 和 29.7 MPa。这些值都远小于围檩和内支撑材料的容许应力 145 MPa。相比不考虑流水压力情况,各工况下围檩和内支撑的轴向应力受拉最大值变化不大。

8. 模拟分析结果

通过对土层变形、钢板桩桩身变形及其等效应力、围檩和内支撑轴向应力随施工步的发展变化情况分析可知,颍河特大桥百年一遇的洪水最大流速对钢板桩围堰的变形和应力影响均较小,不会对围堰的安全造成影响。流水压力对钢板桩变形的影响主要体现在阻水面上的钢板桩变形有所增大,垂直于阻水面方向的钢板桩变形几乎不变;而流水压力对钢板桩和内支撑的应力影响均不大。

4.4.3　整体抗倾覆稳定性分析

在流水压力作用下,钢板桩围堰整体有倾覆的趋势,钢板桩围堰的整体稳定性表现围堰在流水压力作用下的抗倾覆能力。这时钢板桩围堰迎水面一侧为主动土压力,而另一侧为被动土压力。作用在钢板桩上的流水压力,简化为作用在水深 1/2 高度处的集中力,计算简图如图 4-59 所示。

流水压力的大小按照前面的计算公式得到 f_W=2.45 kPa。流水压力总和为(洪水位 27.86 m,河床面 19.3 m):

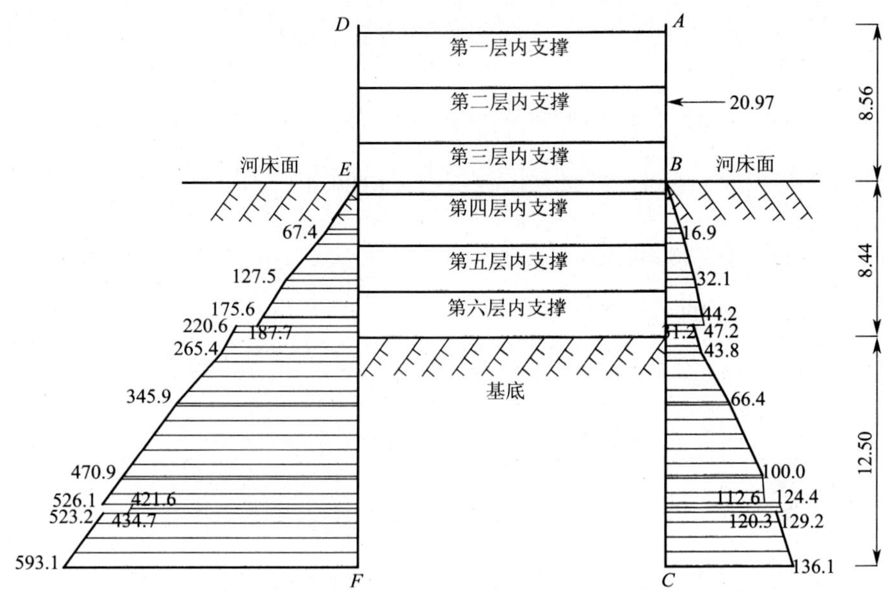

图 4-59 围堰整体稳定性计算简图(单位:m)

$$P=2.45\times8.56=20.972\ \text{kN}$$

利用前述朗肯主动土压力和朗肯被动土压力计算公式进行主动土压力和被动土压力计算,土压力大小和分布如图 4-59 所示。取单位宽度(1 m)进行整体稳定计算,对钢板桩桩底 F 点取力矩。流水压力产生的力矩为:

$$M_r=20.972\times25.22=528.91\ \text{kN}\cdot\text{m}$$

主动土压力产生的力矩为:

$$M_{ka}=\frac{1}{2}\times16.9\times2.8\times\left(18.14+\frac{2.8}{3}\right)+16.9\times2.5\times16.89+$$

$$\frac{1}{2}\times(32.1-16.9)\times2.5\times\left(15.64+\frac{2.5}{3}\right)+32.1\times2\times$$

$$14.64+\frac{1}{2}\times(44.2-32.1)\times2\times\left(13.64+\frac{2}{3}\right)+44.2\times0.5\times13.39+$$

$$\frac{1}{2}\times(47.2-44.2)\times0.5\times\left(13.14+\frac{0.5}{3}\right)+31.2\times1.5\times$$

$$12.39+\frac{1}{2}\times(43.8-31.2)\times1.5\times\left(11.64+\frac{1.5}{3}\right)+43.8\times$$

$$2.7\times10.29+\frac{1}{2}\times(66.4-43.8)\times2.7\times\left(8.94+\frac{2.7}{3}\right)+66.4\times$$

$$4\times6.94+\frac{1}{2}\times(100.0-66.4)\times4\times\left(4.94+\frac{4}{3}\right)+100.0\times$$

$1.5\times4.19+\dfrac{1}{2}\times(112.6-100.0)\times1.5\times\left(3.44+\dfrac{1.5}{3}\right)+$

$124.4\times0.5\times3.19+\dfrac{1}{2}\times(129.2-124.4)\times0.5\times$

$\left(2.94+\dfrac{0.5}{3}\right)+120.3\times2.94\times1.47+\dfrac{1}{2}\times(136.1-120.3)\times$

$2.94\times\dfrac{2.94}{3}=8\ 783.84\ \text{kN}\cdot\text{m}$

被动土压力产生的力矩为：

$M_{kp}=\dfrac{1}{2}\times67.4\times2.8\times\left(18.14+\dfrac{2.8}{3}\right)+67.4\times2.5\times16.89+$

$\dfrac{1}{2}\times(127.5-67.4)\times2.5\times\left(15.64+\dfrac{2.5}{3}\right)+127.5\times2\times$

$14.64+\dfrac{1}{2}\times(175.6-127.5)\times2\times\left(13.64+\dfrac{2}{3}\right)+175.6\times$

$0.5\times13.39+\dfrac{1}{2}\times(187.7-175.6)\times0.5\times\left(13.14+\dfrac{0.5}{3}\right)+$

$220.6\times1.5\times12.39+\dfrac{1}{2}\times(265.4-220.6)\times1.5\times$

$\left(11.64+\dfrac{1.5}{3}\right)+265.4\times2.7\times10.29+\dfrac{1}{2}\times(345.9-265.4)\times$

$2.7\times\left(8.94+\dfrac{2.7}{3}\right)+345.9\times4\times6.94+\dfrac{1}{2}\times(470.9-345.9)\times$

$4\times\Bigg(4.94+\dfrac{4}{3}+470.9\times1.5\times4.19+\dfrac{1}{2}\times(526.1-470.9)\times$

$1.5\times\left(3.44+\dfrac{1.5}{3}\right)+421.6\times0.5\times3.19+\dfrac{1}{2}\times(434.7-421.6)\times$

$0.5\times\left(2.94+\dfrac{0.5}{3}\right)+523.2\times2.94\times1.47+\dfrac{1}{2}\times(593.1-523.2)\times$

$2.94\times\dfrac{2.94}{3}=41\ 808.78\ \text{kN}\cdot\text{m}$

稳定安全系数为：

$$K=\frac{M_{kp}}{M_r+M_{ka}}=\frac{41\ 808.78}{528.91+8\ 783.84}=4.49>2$$

可见，围堰整体抗倾覆稳定满足要求。

4.5 小　　结

(1)通过建立钢板桩、围檩、内支撑和土层的三维整体有限元模型，针对封底混凝土的施工时机不同，选取四种不同的施工方案，分别对各方案的土层变形、钢板桩变形及其等效应力、围檩和内支撑的轴向应力进行了对比分析，得到钢板桩围堰变形和应力最小的施工方案为方案4，即在安装第一道围檩和内支撑后，进行水下封底混凝土的施工，然后从上到下依次抽水安装各层围檩和内支撑。

(2)考虑到颍河特大桥深水基础施工工期，封底混凝土施工越早，水下吸泥深度越深，吸泥量越大，由于河床下的硬塑粉质黏土吸泥较困难，在分析颍河特大桥桥址处地质条件基础上，推荐自上而下依次施工内支撑，最后采用 0.5 m 垫层混凝土作为承台施工平台的施工方案。有限元计算结果表明，无论对于钢板桩，还是围檩和内支撑，强度和变形都小于容许值；同时，基底抗隆起分析和围堰整体抗倾覆稳定性分析均满足安全要求。

(3)钢板桩围堰施工过程中，封底混凝土施工越早，对围堰结构的整体安全越有利。这是因为封底混凝土的刚度较大，有效限制了围堰结构变形的发展。封底混凝土施工越早，在钢板桩围堰施工期间引起的土层变形、钢板桩桩身变形和等效应力、以及围檩和内支撑轴向应力就越小，对结构的安全越有利。

(4)随着工况的推进，抽水吸泥深度的增加，围堰内水位不断下降，作用在钢板桩上的荷载不断增大，钢板桩桩身变形不断增大。从各个工况下桩身变形的增量来看，桩身变形增量较大的工况在接近承台底面的最后两个施工步。第六工况引起的变形增量最大，占最终变形的 18.2%；其次为第五工况，占最终变形的 18.1%，施工过程中应特别注意这两个施工步的施工安全。

(5)钢板桩桩身最大变形的位置在钢板桩顶面以下 15～17 m 处，位于钢板桩的中下部，基本靠近基坑开挖面的附近。

(6)在围堰施工过程中，作用在每一层内支撑上的轴向压应力并不是随着围堰内水位的下降而逐渐增大，其最大值出现在该层内支撑施工完成以后的第一个抽水吸泥工况，并随工况的推进呈波动变化的特征。并且，每一层内支撑轴向应力最大值出现在平行于短边的内支撑中间杆件上。

(7)钢板桩围堰施工过程中的内支撑轴向压应力最大值出现在最后一道支撑(第六道支撑)，平行于短边的内支撑中间杆件上，在内支撑施工完成以后抽水吸泥至封底混凝土底面位置的工况。

(8)钢板桩围堰内外土压力与土层深度之间成折线分布的关系，并且不同工况的土压力变化不是很大，这与土层的变形不大有关。由于在钢板桩围堰施工过程中，土层的变形量较小，没有达到主动土压力或者被动土压力所需的变形量，所以数值计算得到的土压力比较接近静止土压力。考虑到土压力的大小难以准确确定，建议在钢板桩围堰简化设计时，土压力的计算可采用静止土压力，计算结果偏于安全。

(9)常规的钢板桩围堰设计计算都假设作用在钢板桩的土压力为朗肯主动土压

力和朗肯被动土压力，与实际情况有较大的出入。常规设计方法采用的朗肯土压力比实际作用在钢板桩上的土压力要小，使得设计结果偏不安全。

(10)相比不考虑流水压力的静水情况，土层的变形、钢板桩的受力和变形以及内支撑的受力有所变化，但总体而言，变化值比较小。原因在于由于流速比较慢，流水压力不大造成的。流水压力对钢板桩桩身变形的影响主要体现在阻水面的钢板桩变形有所增大，而垂直于阻水面的钢板桩变形几乎不变；流水压力对钢板桩和内支撑的应力影响均不大。

5 超长钢板桩围堰施工工艺

钢板桩插打施工质量影响到围堰结构的安全和稳定，也影响到结构的防水效果，在整个钢板桩围堰施工过程中占有重要的地位。本章主要从钢板桩围堰施工工艺着手，结合颍河特大桥 30 m 长度的拉森Ⅳ型钢板桩围堰施工实践，总结了超长钢板桩插打施工要点和质量控制措施。

5.1 钢板桩围堰工艺流程

颍河特大桥钢板桩围堰桩长为 30 m，钢板桩入土最深达 20 m，钢板桩沉放过程中需要穿透粉砂层、一层软塑粉质黏土层、两层粉土和两层硬塑粉质黏土层，尤其是在硬塑粉质黏土层中，桩周摩阻力大，钢板桩入土较难。综合考虑现场情况，采用钻孔平台外侧搭设辅助施工平台，在辅助施工平台上打设钢板桩。为减少钢板桩施工和钻孔桩施工的相互干扰，首先安排外侧钻孔桩施工，然后在施工完成的钻孔桩外侧打设钢板桩，钢板桩和正在施工的钻孔桩之间净距不小于 10 m，具体施工工艺流程如图 5-1 所示。

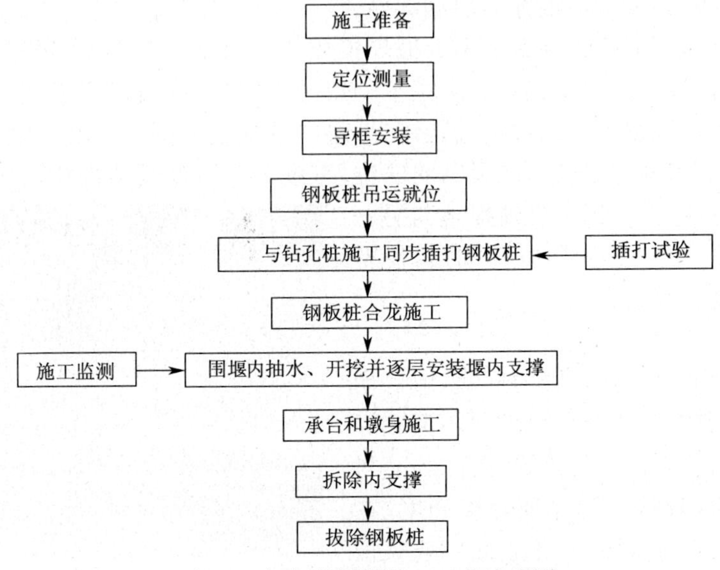

图 5-1 钢板桩围堰施工工艺流程图

5.2 施工准备

钢板桩插打施工准备工作主要包括钢板桩检查验收、钢板桩焊接加工、锁口清理和润滑等。钢板桩的存放、吊运、检验和矫正、锁口等应满足《热轧 U 型钢板桩》等规范和规程要求，在超长钢板桩施工准备过程中，超长钢板桩的焊接加工是重要工序。

5.2.1 钢板桩及导向装置

1. 钢板桩焊接

当钢板桩设计长度超过单根桩的长度时，需对钢板桩作接长处理。钢板桩应在专门的加工平台上焊接接长，保证钢板桩接长后的顺直度。焊接时首先采用破口焊将钢板桩接长，结束后内外加钢板帮焊，保证接头处的焊接质量应满足焊缝强度不小于钢板桩的强度。在焊接完成后，应对锁口处的焊缝进行打磨处理，做到锁口内外光洁、平整。以下为具体的操作工艺。

(1)焊条和焊机

因钢板桩的化学性能及防腐要求，宜选用直流电焊条，可采用电压 65～70 V、电流 120～180 A 的硅整流直流电焊机。

(2)焊接前准备

切割板桩要保证切边与钢板桩纵轴垂直，削坡应按照焊缝要求把两根待焊桩的接口削成 30°坡口，使焊液能充分填满焊缝。

接桩标准与否直接影响整条钢板桩焊接质量。由于轧制误差，每根钢板桩宽度不完全一致，焊接时应尽量选择宽度基本一致的钢板桩，同时进行细调，以保证接口处的焊缝平顺。调宽可用点焊法进行，在平整的场地上用圆形夹具把两根钢板桩准确对正后，用点焊固定好已对准紧贴的部位，宽度不一致的其他部位，可在钢板桩上焊上一条小弯铁，把一根板桩硬扳至与另一根钢板桩宽度一致，然后用电焊固定，使整个接口的宽度一致。

图 5-2　钢板桩焊接接长

(3)焊接

采用单面坡口双面焊缝的形式，坡口切割为 30°角。锁口处为单面小坡口不漏底焊缝，正面焊好后，再在反面铲槽(约 3 mm)封底焊平，加腹板焊接。为保证焊接强度，在板桩内侧一共焊三块腹板，正立面一块盖板和侧立面两块侧板，焊接腹板均切割钢板桩的原材料。焊接的程序是先把接口的基本焊缝焊好，再焊正立面盖板，最后焊侧立面侧板，所有焊缝都分四层焊液进行施焊。为避免焊接时产生过大的局部变形，在焊接施工过程中宜采用跳焊法，防止焊接过程中钢板桩局部加热集中。钢板桩焊接照片如图 5-2、图 5-3 所示。

(4)热变形处理

焊接过程的发热使得钢板桩在焊缝段内发生不同程度的热变形，钢板桩显得局部弯曲不平。为了消除这部分焊接变形，采用风枪加热使钢板桩已变形的局部位置以大致相等数量向反方向变形，然后加水使该部分冷却收缩，最后恢复到平直的位置。

(5)调直

钢板桩焊接完毕，经过接口处的焊接变形处理，基本上是平直的。但由于钢板桩其他部位在长途运输过程中可能产生不同程度的变形，所以对整条钢板桩需要进行一次全面的调直，使其纵向变形不大于 2 mm。调直可用风枪加热放水冷却的办法，对于不符合要求的锁口则用加热后锤打的方法来修正。检查钢板桩达到平直的标准，采用长 2.5 m 带一边锁口的标准直桩，能平滑通过锁口为止。

2. 异型角桩加工

钢板桩围堰转角处需使用异型角桩时，可以采用定型的角桩，也可根据围堰形状将一片钢板桩沿长度方向中线剖开焊在另一钢板桩上，焊制成任意角度的异型桩。现场焊接应控制好焊缝的质量和角桩的垂直度。异型角桩加工照片如图 5-4 所示。

图 5-3　接长后的钢板桩

图 5-4　异型角桩加工

3. 导向装置

为保证钢板桩插打垂直度，在插打前先施工钢围堰导向架，作为打桩时的导向设备。导向架可设为两层，底层可设置在距离平台以下 2 m 的位置处，通过焊接在钢护筒上的牛腿支撑导梁，如图 5-5 所示；上层导向框与平台平齐，通过焊接在平台上的型钢作为导梁支撑，如图 5-6 所示。插打钢板桩前，在导向架上用粉笔标注出各片桩的界线，以便在打桩过程中边打边纠，防止出现大的偏差。

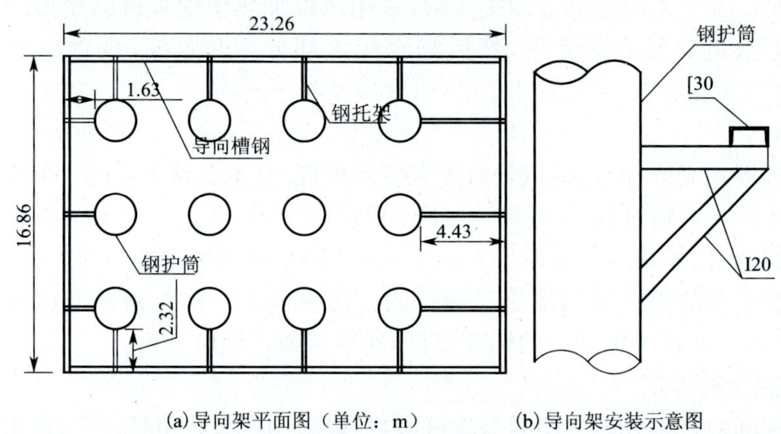

(a) 导向架平面图（单位：m）　(b) 导向架安装示意图

图 5-5　钢板桩施工底层导向架

图 5-6　钢板桩施工上层导向框

5.2.2　施工机械选型

由于本工程的钢板桩入土深度较深，最大入土深度达到了 21 m，而设计提供的地质资料在施工过程中往往与实际情况不尽相符，为确保钢板桩插打施工的机械设备能够满足要求，在钢板桩正式插打前，应在钢板桩桩位处进行插打试验，确定合理的施工机械设备及配套机具。

1. 施工机械类型

钢板桩的施工机械很多，按照打入方式的不同可分为以下几种。

(1)冲击打入机械：有自由落锤、蒸汽锤、空气锤、液压锤、柴油锤等。

(2)振动打入机械：这类机械既可用于打桩还可用于拔桩，常用的是振动打拔桩锤。

(3)振动冲击打入机械：这种机械是在振动打桩机的机体与夹具间设置冲击机构，在激振机产生上下振动的同时，产生冲击力，使施工效率大大提高。

(4)静力压入机械：依靠静力将板桩压入土中，常用的是液压压桩机及钢索卷扬机压桩机。

常用施工机械的适用条件如表 5-1 所示。

表 5-1　各类打桩机的适用情况

机械类别		冲击式打桩机			振动锤	油压式压桩机
		柴油锤	蒸汽锤	落锤		
钢板桩	形状	除小型板桩外所有板桩	除小型板桩外所有板桩	所有形式板桩	所有形式板桩	除小型板桩外所有板桩
	长度	任意长度	任意长度	适宜短桩	桩很长，不合适	任意长度
地层条件	软弱粉土	不适	不适	合适	合适	可以
	粉土、黏土	合适	合适	合适	合适	合适
	砂层	合适	合适	不适	可以	可以
	硬土层	可以	可以	不可以	不可以	不适
施工条件	辅助设施	规模大	规模大	简单	简单	规模大
	发音	高	较高	高	小	几乎没有
	振动	大	大	少	大	无
	贯入能量	大	一般	小	一般	一般
	施工速度	快	快	慢	一般	一般
费用		高	高	便宜	一般	高
工程规模		大工程	大工程	简易工程	大工程	大工程
其他	优点	燃料费用低运行简单	打击时可调整	故障少，改变落距即可调整捶击力	打拔都可以	打拔都可以
	缺点	软土启动难	烟雾较多	容易偏心锤击	瞬时电流大，需大容量变压器	只适用于直线段

2. 施工机械选择

选用何种机械时，应主要考虑以下 4 个条件：

①工程规模：打(拔)钢板桩的数量、尺寸、形状，尤其要考虑钢板桩的重量与长度，往往这两个因素是主要的。

②土质情况：要同土质情况结合，以利钢板桩的打入或拔出。

③作业能力：要符合工程进度的要求。

④作业环境：选用的机械要满足噪声、振动等公害控制的要求，并结合现场条件、交通状况、地形等情况。

依据以上因素，结合本工程的特点，实际选用振动锤作为打桩机械设备。通过对土体摩阻力和钢板桩锁口间摩阻力进行计算，结果表明颍河特大桥 46 号墩可采用 DZJ120A 型振动锤，47 号墩可采用 DZJ90A 型振动锤，因此选择 DZJ90A、DZJ120A 型振动锤进行插打试验。本工程选用的 DZJ 系列振动锤性能指标如表 5-2所示。

表 5-2　不同型号振动锤的性能指标

型号	自重(kg)	电机功率(kW)	静偏心力矩(N·m)	激振力(kN)	钻速(r/min)	空载振幅(mm)	允许拔桩力(kN)
DZJ90A	5800	90	403	0～546	0～1100	0～6.6	254
DZJ120A	5800	120	724	0～724	0～1000	0～7.45	392
DZJ150A	8600	150	813	0～813	0～1000	0～8.5	450

(1)DZJ90A 型振动锤

47 号墩钢板桩选择 DZJ90A 型振动锤进行插打试验。试验中共插打三根钢板桩，在插打第三根时因地质问题没有插打至设计桩位。在采用 DZJ90A 型振动锤进行插打试验的过程中发现：首根钢板桩在打入平台以下 23 m 左右的位置时，向下继续插打比较困难；在打入平台以下 28 m 的位置后，钢板桩的下沉速度每分钟不超过 2 cm，最后两米振插用时 121 min；整根钢板桩从吊起至插到设计桩位用时 3 h 15 min。在开始插打第二根钢板桩时，钢板桩打入平台以下 23 m 位置的下沉速度明显较第一根桩慢；在打插至平台以下 28 m 位置后，速度比第一根下沉速度更慢，最后两米振插用时 145 min；整根钢板桩从吊起至打插到设计高程用时 4 h 3 min。在插打第三根钢板桩过程中，打入平台以下 22.5 m 的位置时，钢板桩无法顺利下沉，每分钟下沉的速度小于 1 cm；通过对地质资料的比对发现，该位置处于地层变化的位置，根据以往的施工经验判断，该位置处可能地层太硬或者遇到不明障碍物。在出现这种情况后及时停止了钢板桩的插打试验，并将第三根钢板桩拔出。

(2)DZJ120A 型振动锤

47 号墩 DZJ90A 型振动锤无法满足使用要求，现场决定采用 DZJ120A 型振动锤，在 DZJ120A 振动锤施工的过程中发现，原来钢板桩在打入至平台以下 22.5 m 的位置无法下沉，在采用 DZJ120A 振动锤后钢板桩顺利穿透该地层；在打插至平台以下 28 m 的位置后，钢板桩的下沉速度明显比采用 DZJ90A 型振动锤快得多，整根钢板桩从起吊至打插至设计高程用时 1 h 32 min。

46 号墩在试桩采用 DZJ120A 型振动锤，插打试验和 47 号墩插打试验的情况基本一致，只是插打速度较 47 号墩的速度要略慢，试验中共插打了三根钢板桩，每根钢板桩的用时分别为 1 h 43 min、2 h 2 min、1 h 33 min。

(3)试验结论

通过现场插打试验可以发现，47 号墩需采用 DZJ120A 型振动锤进行插打施工，46 号墩采用 DZJ120A 型振动锤满足施工要求。

3. 起吊设备

在插打钢板桩时，与振动锤配套的起吊设备所具备的起吊能力，应能满足起吊半径 15 m 时，起吊重量不小于振动锤的自重和钢板桩的自重之和。根据以上要求，采用 QUY50 型履带吊，其在起吊半径为 15 m 的条件下，最大起吊重量为 12.1 t，满足 30 m 长度拉森Ⅳ型钢板桩插打施工的使用要求。其性能指标如表 5-3 所示。

表 5-3　QUY50 型履带吊性能指标

项目		单位	数值
最大额定起重量	基本型主臂	t	50
	固定副臂	t	4
最大起重力矩		t·m	181.5
主臂长度		m	13～52
主臂变幅角度		(°)	−3～80
固定副臂长度		m	9.15～15.25
发动机功率		kW	115
整机质量(主吊钩，13 m 臂)		t	50

5.3　插打施工

5.3.1　插打顺序

钢板桩插打应从上游一角附近开始，第一根钢板桩位置应准确、垂直，然后以第一根钢板桩为基准，再向两边对称插打钢板桩。合龙口的位置选择在下游一侧的某个角点附近，以保证其垂直准确，其插打施工顺序示意图如图 5-7 所示。

当钢板桩插打与钻孔灌注桩施工同步进行时，插打钢板桩时因钢板桩的高频振动会影响周边土体的稳定，进而会增加钻孔灌注桩施工中出现孔壁坍塌的风险，在施工过程中，钻孔灌注桩作业与钢板桩插打作业应按照下述原则进行施工：

(1)边桩应在钢板桩插打前施工完成；

(2)钢板桩与正在进行钻孔作业的钻孔桩间距不得小于 10 m，并在钻孔时增加泥浆黏稠度，提高护壁质量，减少塌孔的风险。

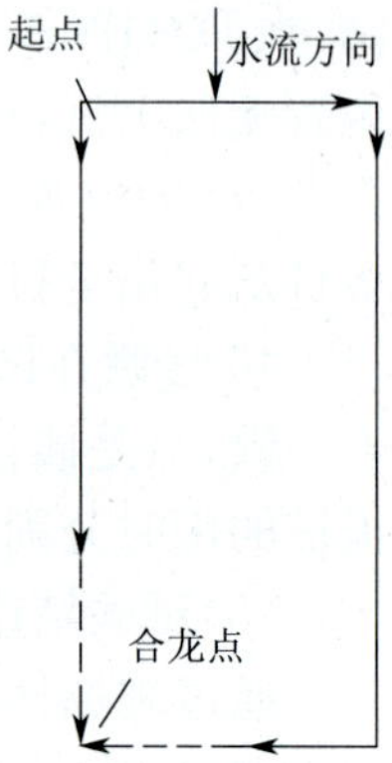

起点 水流方向

合龙点

图 5-7 钢板桩插打施工次序图

5.3.2 钢板桩插打

根据钢板桩的插打试验，本工程选择 DZJ120A 型振动锤，振动锤的最大激振力为 724 kN，振动锤由 QUY50 型履带吊机配合插打。插打时使用振动锤夹齿夹住桩端，插入已就位的钢板桩锁口中。施工过程中应经常检查振动锤的夹板和液压系统，防止因液压系统故障而使钢板桩掉落。

钢板桩插打施工可采用逐片插打，逐渐纠偏，直至合龙的方法。钢板桩插打要随时以导梁为准，检查所打的钢板桩位置是否准确，垂直度是否合格，及时实施纠偏。插打钢板桩应做到“插桩正直，分散偏差，有偏即纠，调整合龙”。第一片钢板桩是整个围堰钢板桩的基准，应严格控制其垂直度，其导向装置如图 5-8 所示。其余各桩则以已插桩组为准，对好锁口后利用自重下插；当自重不能使其下插时，利用振动锤进行加压，插至设计高程。当钢板桩难以插打下去时，应停下来分析原因。检查锁口是否变形、钢板桩有无障碍物等，以免造成钢板桩损坏。

图 5-8 第一根钢板桩插打施工的导向装置

当吊桩起重设备高度不够时，可改变吊点位置，但不低于桩顶以下 1/3 桩长。钢板桩采用振动锤振动下沉，钢板桩相邻接头应上下错开不小于 2 m，钢板桩垂直度偏差应小于 1%。

5.3.3 钢板桩合龙

在整个钢板桩施打过程中，开始时插一根打一根，即将每一片钢板桩打到设计位置；到剩下最后 5 片时，要先插后打，即先将钢板桩插至稳定高度(保证钢板桩自身稳定即可)，主要有利于钢板桩的调整，并且合龙处的两片桩应一高一低，便于插桩；若合龙有误，可用倒链对拉使之合龙，如图 5-9 所示。合龙后，再逐根打到设计深度。

钢板桩围堰合龙施工是最关键的一步，直接关系到围堰能否成功。围堰在合龙时，两侧锁口不一定会平行，合龙口的调整措施如下：

(1)若合龙口尺寸上下都大时，可在合龙口两侧钢板桩上点焊上下平行吊耳，位置及数量根据尺寸大小的差值而定，利用倒链进行相向对拉；若合龙口尺寸上下都小，可利用倒链进行反向外拉，至符合要求为止。

图 5-9 钢板桩合龙施工

(2)若合龙口尺寸上小下大时，可在合龙口两侧钢板桩上点焊上下平行吊耳，位置及数量根据尺寸大小的差值而定，利用倒链上部进行反向外拉，下部相向对拉；若合龙口尺寸上大下小时，利用倒链上部进行相向对位，下部反向外拉，至符合要求为止。

(3)若采取上述措施仍不能解决合龙问题，可采取特制异形钢板桩桩合龙，一片异形桩满足不了要求，可采用两块甚至多块。

5.3.4 质量控制要点

(1)钢板桩应有机械性能和化学成份的出厂证明文件，外形尺寸符合要求。

(2)钢板桩拼接时，两根钢板桩要对正顶紧、夹持于牢固的夹具内施焊；两钢板桩端头间缝隙应不大于 3 mm，断面上的错位应不大于 2 mm。

(3)钢板桩拼接接头应避免在围堰的同一断面上，相邻桩的接头应上下错开至少 2 m；在运输、存放时，按插桩顺利堆码，插桩时按规定的顺序吊插。

(4)钢板桩起吊前，钢板桩槽凹部位应清扫干净，锁口应先进行修整或试插。

(5)插打前应复核围堰尺寸、钢板桩数量、打入位置、入土深度和桩顶高程等参数。

(6)钢板桩打入前，应在设计位置设置坚固的导向桩和足够强度的支撑框架，并将钢板桩的打入位置标示在导向框架上，以确保板桩的稳定和准确合龙。

(7)为保证插桩顺利合龙，桩身应垂直。在施工中加强测量工作，发现倾斜，及时调整。

(8)钢板桩插打时，当钢板桩垂直度较好时，可一次将桩打至要求深度；当垂直度较差时，可进行两次施打，即先将所有的桩打入约一半深度后，再第二次打到要求的深度。

5.3.5 安全管理措施

钢板桩插打施工安全是钢板桩围堰施工安全的一项内容，施工中要将安全工作放在首位，坚持“安全第一、预防为主”的方针。

(1)参建单位应建立健全安全生产领导小组，建立各岗位人员安全责任制，明确其安全责任，严格实行逐级安全技术交底。

(2)施工单位应对操作人员进行安全教育，提高安全意识；实行持证上岗制度，未经培训或无证者，不得进行上岗作业。

(3)插打钢板桩之前，应对打桩机、卷扬机及其配套机具设备、绳索等进行全面检查，确保安全。

(4)对所有滑轮和钢丝绳应每天进行检查，特别是要注意滑轮的轴和钢丝绳摩损情况，危及安全的要及时维修、更换。

(5)钢板桩起吊应听从指挥，作业前应在钢板桩上拴好溜绳，防止起吊后急剧摆动。

(6)吊起的钢板桩未就位前，插桩桩位处不得站人。在桩顶作业，应挂吊蓝、爬梯，作业人员应系好安全带。

(7)对打桩机主塔架，应设缆风绳固定，防止风大时，桩架摇晃严重发现意外事故。

(8)插打钢板桩，应从上游依次对称向下游插打。受潮水影响的河流，应根据实际情况，制订插打方案及安全防护措施。

(9)作业人员如需行走在临水导向架上时，应系好安全带，穿好救生衣。

5.4　内支撑系统安装

钢板桩插打施工完毕后，根据设计要求，分步进行围堰内抽排水，或分层抽水开挖基坑，逐层安装围檩和支撑体系，如图 5-10所示。

图 5-10　围堰内支撑施工

在内部支撑系统安装过程中，应加强对钢板桩桩顶位移、桩身变形和支撑受力的监测，及时对监测数据分析反馈，以指导安全施工。在内部支撑系统施工过程中，易出现以下问题：内支撑系统各杆件的加工及安装不符合要求，造成受力不均匀；内支撑与钢板桩间不密贴；抽水时发生围堰变形；抽排水时出现渗漏，处理不及时。因此，施工中应注意以下几个方面：

(1)内支撑系统各杆件的加工及安装应该严格控制精度，安装时应测定各构件的平面位置，控制好各部位的高程，尽可能使内支撑系统在同一水平面上，确保均匀受力。

(2)内支撑应自上而下设置，内支撑构件要焊接牢固，避免局部失稳；内支撑与钢板桩间要尽量密贴，有空隙处应用钢板或垫木块抄垫。

(3)钢板桩锁口漏水时，可在围堰外撒大量细木屑、砂等细物，借漏水的吸力附于锁口内堵水；或者在围堰内用板条、棉絮等楔入锁口内嵌缝。

(4)渗漏较严重时，可对钢板桩外侧包裹止水布形成止水帷幕(图 5-11)，通过抽水过程中的水压力使止水布密贴在钢板桩上。

图 5-11 钢板桩止水帷幕

(5)抽水或开挖时，应对围堰变形和受力情况进行观测，如发现监测超出允许范围值，则应立即停止抽水，并向围堰内进行注水，防止围堰变形进一步扩大。

(6)内支撑安装过程中，应持续对围堰变形和受力情况进行观测，如有异常变化应及时向主管部门进行汇报，并疏散围堰内施工人员。

5.5 钢板桩拔除

墩身施工完毕后，根据现场施工环境，决定拆除内支撑和钢板桩围堰的时间。围堰内支撑的拆除按照从下往上的顺序逐层拆除。每层内支撑拆除前应首先将水注至支撑下的位置，拆除的过程中首先拆除斜撑，斜撑拆除完毕后开始拆除较短的杆件，最后拆除纵横通长的杆件，围檩杆件最后拆除。钢板桩拔除施工照片如图 5-12 所示。

图 5-12 钢板桩拔除施工

(1)钢板桩拔桩前，先将围堰内的支撑从下到上陆续拆除，并陆续灌水至围堰外水位，使内外水压平衡。

(2)按与打桩顺序相反的次序拔桩。在下游选择一块较易拔除的钢板桩，先略振动拔高 1～2 m，然后依次将所有钢板桩均拔高 1～2 m，使其松动后，再从下游开始分两侧向上游依次拔除。对桩尖打卷及锁口变形的桩，可加大拔桩设备的能力，将相邻的桩一齐拔出，必要时可进行水下切割。

(3)使用振动锤拔桩时，桩锤各部机件、连接件要确保完好，电气线路，绝缘部分要良好绝缘。每天使用前要认真检查，班后要进行保养。

(4)遇有拔不动的钢板桩，应立即停拔检查，采取射水、振动等松动措施，严禁硬拔。拔桩时要先振动 1～2 min，在有松动后再边振拔。

(5)拔出的钢板桩应及时清除土砂，涂以油脂。变形较大的板桩需调直，完整的板桩要及时运出工地，堆置在平整的场地上。

(6)钢板桩应分层堆放，每层堆放数量一般不超过 5 根，各层间要垫枕木，垫木间距一般为 3～4 m，且上、下层垫木应在同一垂直线，堆放的总高度不宜超过 2 m。

5.6 施工中主要问题

5.6.1 钢板桩断裂

46 号墩钢板桩插打过程中，出现部分钢板桩桩端钢板断裂和锁口开裂的情况，主要由于颍河特大桥桥址处的地层较硬，钢板桩所受的侧摩阻力较大，旧的钢板桩因使用时间较长，桩壁锈蚀，钢板桩的有效厚度变薄，在受力较大的情况时，钢板桩会出现桩身断裂或者是锁口开裂的现象，如图 5-13 所示。

图 5-13 破损的钢板桩

发生这种情况以后一方面可及时更换钢板桩，颍河特大桥 46、47 号主墩钢板桩围堰在后期的施工过程中，基本采用全新钢板桩或使用不超过两次的钢板桩，虽然会增加一定材料投入，但确保了钢板桩插打质量；另一方面，通过调整振动锤的电流，控制钢板桩插打施工的激振力，也有效地避免钢板桩断裂。

5.6.2 钢板桩变形过大

插打试验中发现 30 m 长拉森Ⅳ型钢板桩在插打至施工平台以下 20 m 处，开始发生严重的扭曲变形，并出现左右大幅晃动或扭曲现象；继续插打至施工平台以下 25 m 处，钢板桩开始带动周边的钢板桩大幅振动并有相邻钢板桩出现同时下沉现象，插打贯入度过小。钢板桩在最后 2 m 的插打时间占总时间的比例超过 80%。

由于钢板桩太长，整体刚度较低，钢板桩穿透的土层侧摩阻力较大，造成钢板桩无法顺利下沉，同时顶部桩端跟随振动锤一起振动，钢板桩两端同时受到约束便产生了严重的变形。

为了增加钢板桩的整体刚度，方便钢板桩的插打施工，可在钢板桩顶面以下约5.3 m的位置，沿钢板桩内侧凹槽处设置I30a型工字钢，工字钢长度为12 m，进入封底混凝土底面以下30 cm，钢板桩与工字钢点焊连接，焊点间距为30 cm，如图5-14所示。

图5-14　加强型钢板桩

施工过程中发现，采用间隔一根钢板桩设置工字钢增强刚度插打速度较快。由于增加工字钢的加强型钢板桩接触面积要大，插打时需克服的摩阻力也大；隔一个未加强的钢板桩插打加强型钢板桩，虽然相比刚度较小，但在已经施工到位加强型钢板桩的整体约束下不会产生太大变形，可使未加强的钢板桩顺利施工。

5.6.3　钢板桩沉放缓慢

颍河特大桥46号主墩钢板桩围堰的部分钢板桩在插打至施工平台以下25 m左右的位置进入硬塑粉质黏土层时，振动下沉速度非常缓慢，甚至出现钢板桩只见上下振动而不见下沉，振动锤插打5 min下沉深度只有1 cm的情况。

钢板桩沉放缓慢主要是由于钢板桩进入硬塑粉质黏土层，局部夹杂铁锰质及姜结石。为了克服摩阻力需增大振动锤激振力，导致振动锤振幅变小，而小振幅下无法有效克服粉质黏土黏滞力，钢板桩周边黏土粘在钢板桩上与钢板桩共同振动，从而导致钢板桩无法有效下沉。可采取原位反复插打和小型机械引孔等措施。

(1) 原位反复插打。由于本工程钢板桩入土深度较深，钢板桩在进入粉质黏土层后钢板桩周围没有大量的自由水，从而导致钢板桩与大量的黏土粘结在一起。为了防止钢板桩周边的黏土大量粘结在钢板桩上，在钢板桩插打至施工平台以下约25 m左右时，可拔出已打入的钢板桩，使水流渗入桩位处的下部黏土中。

(2)小型机械引孔。若采用原位反复插打仍无法顺利施工时，可判定桩端处遇到了姜结石或其他障碍物，这种情况发生后，可以采取小型钻孔机械引孔来进行处理。

首先可在钢板桩桩位中间的位置进行钻孔，钻孔深度距钢板桩底部5 m左右。钻完第一个孔后，试打一根钢板桩，发现钢板桩的摩阻力仍较大，考虑增加引孔数量，在钢板桩锁口处增加钻孔至承台设计底面以下的土层，钢板桩引孔孔位位置如图5-15所示。本工程采取了XY—200型小型钻机，如图5-16所示，配置注水设备，如图5-17所示，钻头选择了直径为20 cm和30 cm的钻头，如图5-18所示。

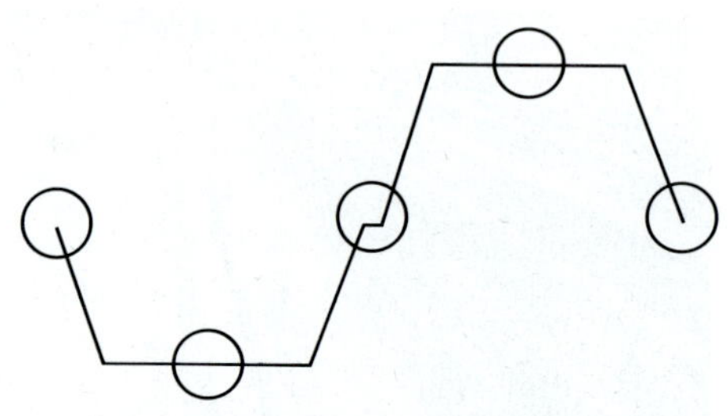

图 5-15 引孔孔位图

图 5-16 XY—200 型钻机

图 5-17 注水设备

图 5-18 钻头

颍河特大桥 46 号墩钢板桩施工先后采取了两种规格的钻头进行引孔。先行采用直径为 20 cm 的钻头引孔，在效果不明显时，更换了直径 30 cm 的钻头。通过对钻渣取样发现，钢板桩桩位处的地层含有大量的姜结石，如图 5-19 所示。

在引孔过程中，由于钻头要在硬塑粉质黏土层中钻进，钻进过程中会出现糊钻的现象(图 5-20)，为了保证顺利钻进，钻进过程中采取了增加循环水压力的方法。

图 5-19 钻渣取样

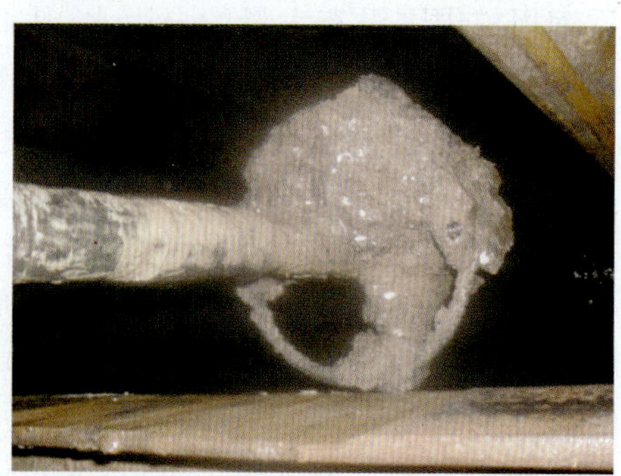

图 5-20 钻头糊钻

5.7　小　　结

(1)钢板桩施工机具及其配套设备选型,应根据实际地质条件,并结合机械设备性能,通过插打试验来确定。

(2)对于长度较长、需要焊接接长的钢板桩来说,采用全新的钢板桩或使用次数不超过 2 次的钢板桩,比较易于插打施工。

(3)超长拉森Ⅳ型钢板桩施工过程中,因刚度较小、弹性变形较大,能量消耗较多,可间隔一根钢板桩,采用焊接工字钢的加强型钢板桩,增加钢板桩围堰的整体刚度,减小钢板桩插打施工过程中的桩身变形。

(4)穿越硬塑粉质黏土层的特殊地质条件,可以通过原位反复插打,使得河流中的自由水充分进入钢板桩桩孔位置,增加桩土接触面的润滑度,减小桩土之间的摩阻力。对于地层中夹杂姜结石等障碍物的情况,采用小型机械引孔措施,可较好地解决钢板桩插打困难。

(5)当钢板桩围堰渗漏较为严重时,可通过在钢板桩外侧包裹止水布形成止水帷幕,在围堰抽水的过程中通过水压力使止水布密贴在钢板桩上,实现止水效果。

6 超长钢板桩围堰施工现场监测研究

深水基础钢板桩围堰属于大型水中深基坑，具有较高的安全风险，施工中需开展实时监测，掌握结构的变形和受力情况，确保施工安全；同时通过现场监测，可以检验设计的合理性，为今后类似围堰的设计提供借鉴。

本章以颍河特大桥深水基础钢板桩围堰施工监测为例，介绍了钢板桩围堰现场监测的项目和方法、监测数据处理，并将监测数据与数值模拟结果进行对比分析，为颍河特大桥深水基础的顺利施工提供可靠的安全保障。

6.1 目的和意义

钢板桩围堰结构本身的安全关乎工程主体、施工机械和施工人员的安全。围堰结构的设计虽然根据地质勘探资料和使用要求进行了较为详细的计算，但是由于土层和水流冲刷的复杂性和离散性，勘探数据难以全面反映土层的实际情况，土层取样时的扰动和试验误差，设计计算中的假定与简化造成的误差等等，都会使河床的水流冲刷和支撑装拆等施工条件与结构的实际工作状况往往不可能完全一致。在围堰使用期间有必要对其进行监测，及时掌握钢板桩围堰的变形和受力情况，对可能出现的险情和事故提出警报，及时采取必要的技术措施确保施工安全；同时，施工过程监测还能检验施工工艺的效果和设计的合理性，为以后改进同类工程设计及施工方法提供依据。

6.2 监测项目和方法

6.2.1 桩顶位移监测

(1)测点布置：一般沿钢板桩围堰的边长等距离布置若干测点。在颍河特大桥钢板桩围堰施工监测过程中，沿钢板桩围堰每侧等距布置了 4 个测点，共 12 个测点，测点分别布置在钢板桩顶和第一层支撑上，详细布置如图 6-1 所示。

(2)安装方法：在钢板桩顶和第一层内支撑上设置刻有十字丝的测点，如图 6-2 所示。

(3)测试方法：采用全站仪进行监测，现场测试如图 6-3 所示。

(4)数据处理：每次测试应形成测试报表，并根据每次测试的各测点位移值绘制内支撑安装和承台施工过程中各工况的水平位移实测曲线。

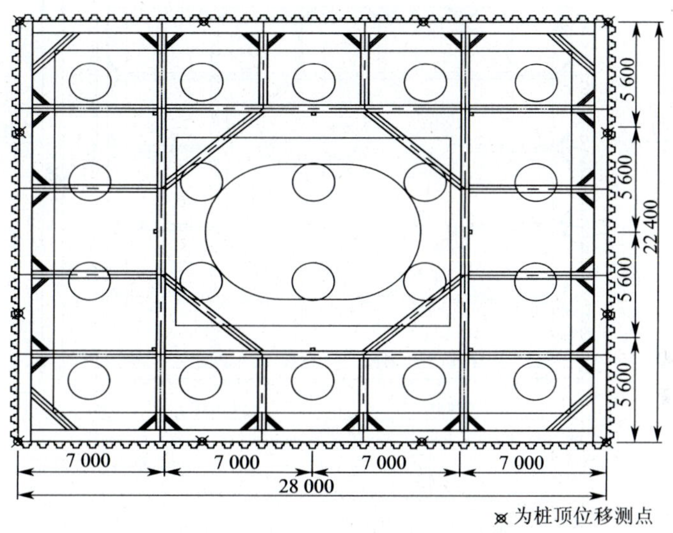

图 6-1　桩顶位移测点

图 6-2　桩顶位移测点布置

图 6-3　桩顶位移现场监测

6.2.2　桩身变形监测

(1)测点布置：矩形钢板桩围堰的四边中间位置桩身变形较大，可把测点布置在围堰四边的中间位置。在颍河特大桥钢板桩围堰施工监测中，在围堰边长中间位置共布置了 3 个测斜孔，具体布置如图 6-4 和图 6-5 所示。

(2)安装方法：可将测斜管放置在焊接于钢板桩的圆钢管上，设置深度至封底混凝土底以下，将测斜管两端管口加保护套，在圆钢管与测斜管之间的空隙中填砂子并使其密实，使测斜管牢固地固定在圆钢管内，安装过程如图 6-6 所示。

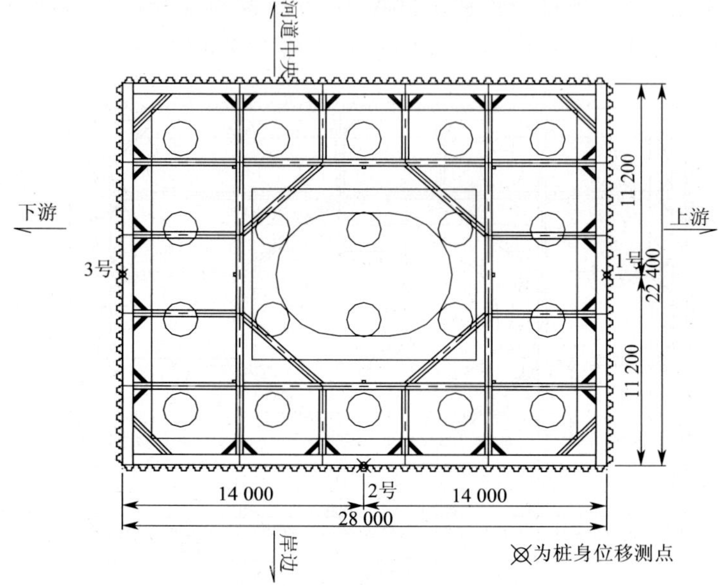

图 6-4　桩身位移测点平面布置图

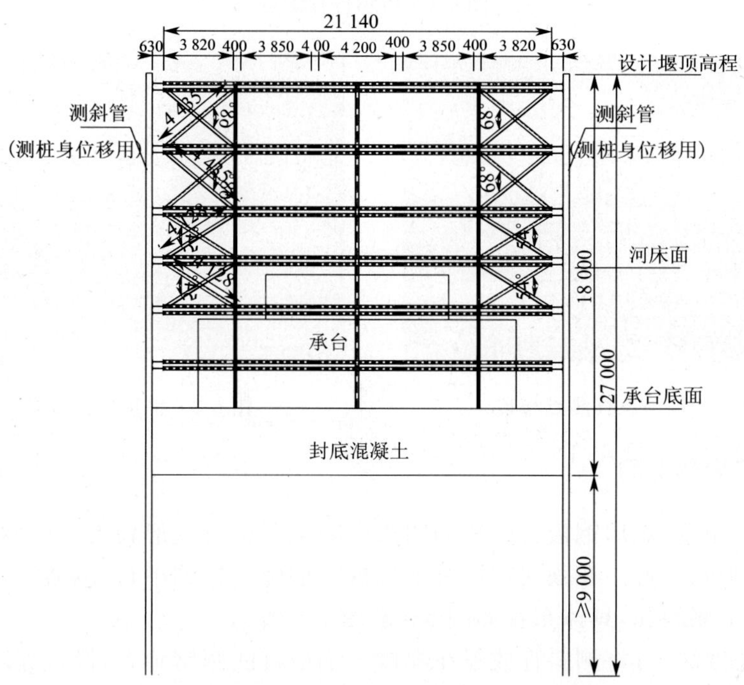

图 6-5　桩身位移测点立面布置图

(3)测试方法:采用 JMCX—7240 型测斜仪进行监测,用 JMCX—7000 综合测试仪表进行数据采集,将测斜管最下端的第一个测点作为基准点,然后间距 50 cm 测读 1 次,现场测试如图 6-7 所示。

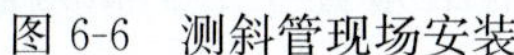
图 6-6 测斜管现场安装

图 6-7 桩身位移现场测试

(4)数据处理:绘制每次测试的测斜曲线,把同一编号测斜管的测斜曲线绘在一个图表中,便于分析围护结构随施工工况的变形情况。

6.2.3 支撑轴力监测

(1)测点布置:支撑轴力的测点应布置在受力较大的内支撑上,在颍河特大桥钢板桩围堰施工监测中,分别在第二层到第六层内支撑受力较大的位置布置测点 2 个,每层可在 H 型钢的上下翼缘外侧各设置一个应变传感器,具体布置位置如图 6-8 所示。

(2)安装方法:安装支撑时将 JMZX—206 型钢弦应变计安装在内支撑内部。

(3)测试方法:采用 JMZX—7000A 综合测试仪测读应变,根据钢材本构关系换算成支撑应力,从而计算出支撑轴力。

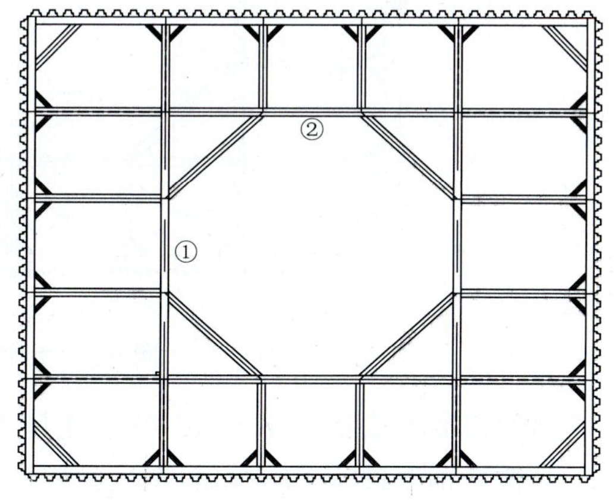

图 6-8 支撑轴力测点

(4)数据处理:每次量测提供各测点本次轴力变量和累计轴力值,并结合工况绘制轴力时程曲线,必要时对轴力变化量大而快的测点绘制轴力变化速率曲线。

6.2.4 水位监测

(1)测点布置:分布在围堰外侧及内侧布置测点,围堰外侧测点设置在栈桥钢管桩的钢管外壁,可直接读数;围堰内侧在钢板桩内侧设置标尺。

(2)安装方法:可在栈桥钢管桩外壁和钢板桩内侧采用涂刷黑白漆的办法设置标尺,标明高程刻度值。

(3)测试方法:直接观测。

(4)数据处理:根据每次测试的水位高程和累计变化量成果表,绘制地下水位变化量曲线图。

6.2.5 土压力监测

(1)测点布置:在 46 号墩围堰的上游中间钢板桩上布置土压力测点,外侧从河床面开始依次布置 5 个土压力盒,内侧从承台底面开始依次布置 3 个土压力盒,共布置 8 个土压力盒,土压力盒的间距为 4 m,如图 6-9 所示。

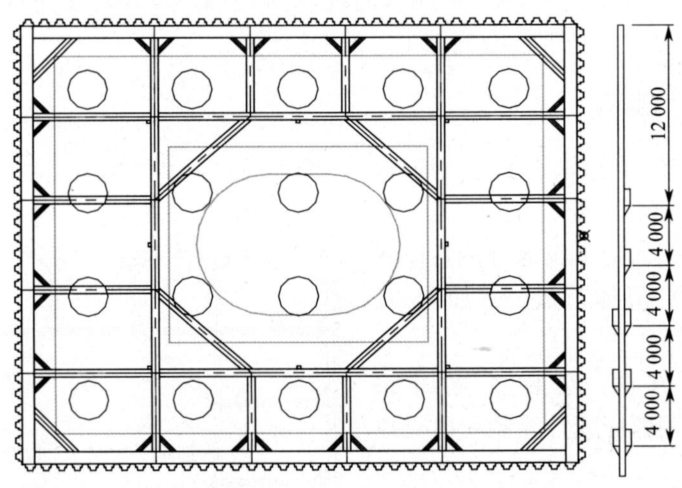

图 6-9 土压力测点布置

(2)安装方法:JMZX—5010A 型土压力盒固定在应力铲上,应力铲(如图 6-10 所示)焊接在钢板桩的中间部位,然后将导线引出。

(3)测试方法:采用 JMZX—7000A 综合测试仪直接测读其频率,然后换算成土压力。

(4)数据处理:每次量测应提供各测点本次土压力变量和累计土压力值,并结合工况绘制土压力时程曲线。

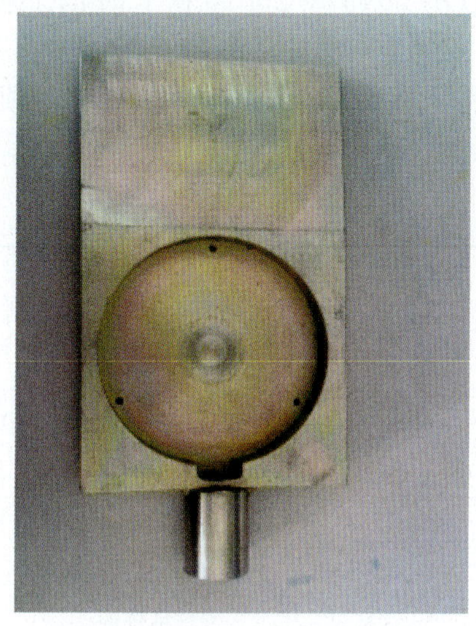

图 6-10　土压力盒应力铲

6.3　监测标准和预警值

6.3.1　监测频率

颍河特大桥 46 号主墩钢板桩围堰施工监测项目和监测频率如表 6-1 所示。

表 6-1　46 号墩钢板桩围堰施工监测项目

监测对象	监测项目	单位	测点数量	量测频率	备注
46 号墩钢板桩围堰	桩顶水平位移	个	12	抽水吸泥设置内支撑期间 2 次/d，封底、承台施工期间 1 次/3 d	在抽水至设定水位安装内支撑前，或水位明显变化时应加强监测
	桩身变形	孔	3		
	支撑轴力	个	10		
	水位(围堰内外)	点	2		
	土压力	个	8		

6.3.2　监测控制预警值

建立一个定量化的报警指标体系对于围堰施工的安全监控意义重大，但由于设计理论的不尽完善以及工程地质、环境差异性及复杂性，在确定监测报警值时应综合考虑多种因素。本工程预警值的确定主要考虑了三方面因素：前文钢板桩和内支撑的受力和变形等计算分析结果可作为确定监测报警值的依据；可参考《建筑基坑工程监测技术规范》(GB 50497—2009)和上海市工程建设规范《基坑工程施工监测规程》(DG/TJ 08—2001—2006)；参考已建类似工程项目的受力和变形规律。综合以上因素，颍河特大桥深水基础钢板桩围堰各项目的监测控制预警值如表 6-2 所示。

表 6-2 监测控制预警值

监测项目	位置或监测对象	测试元件	测点布置	预警限值(累计值)		监测最小精度
				绝对值	相对基坑深度(*h*)控制值	
桩顶水平位移	钢板桩顶部	全站仪	桩顶、每边 4 个	60 mm	0.7%	1.0 mm
桩顶竖向位移	钢板桩顶部	全站仪	桩顶、每边 4 个	60 mm	0.5%	1.0 mm
桩身水平位移	钢板桩桩身	测斜管、测斜仪	3 孔、测点间距 0.5 m	85 mm	0.8%	1.0 mm
支撑轴力	内支撑杆件	钢弦应变计	轴力较大处布置	$N_{HW40c}=2403$ kN		1 $\mu\varepsilon$
堰外水位	河流水位	水位标尺	钢管桩管壁			1.0 mm
堰内水位	围堰内水位	水位标尺	钢板桩壁			1.0 mm
土压力	内外土压力	土压力盒	钢板桩侧	80%f_1		

注：1. h 为钢板桩顶至设计开挖位置的深度，f_1 为相应深度土压力设计值。

2. 累计值取绝对值和相对基坑深度(h)控制值两者的较小值。

6.4 监测质量保证措施

结合本项目的实际情况，加强制度建设，强化质量保证体系，拓宽质量控制手段，确保监测数据具有代表性、准确性、精密性、可比性和可靠性，从而确保了监测数据的质量，更好地为决策服务。围堰监测流程如图 6-11 所示。

(1)根据设计方案、地质条件和施工阶段等因素，制订细致的观测计划。

(2)监测按计划、有步骤地进行。在整个监测过程中，实行定人员、定仪器的原则，保证监测工作的延续性。

(3)现场使用的测量仪器精度应满足要求，且经专业计量部门检定合格。仪器保管、使用由专人负责，保证仪器处于正常使用状态。

(4) 变形观测所用的基准点、观测点要在钢板桩围堰施工前布设完成；所有变形观测和水位观测均在钢板桩围堰施加支撑前测读初始值。各监测点的初始值采取增加测回(不少于 3 次)以提高观测精度。

(5)采取相同的观测路线和测试方法以提高观测精度。

(6)严格按照监测方案要求进行测量，每次测量应认真填写记录，监控工作不得影响施工进展。

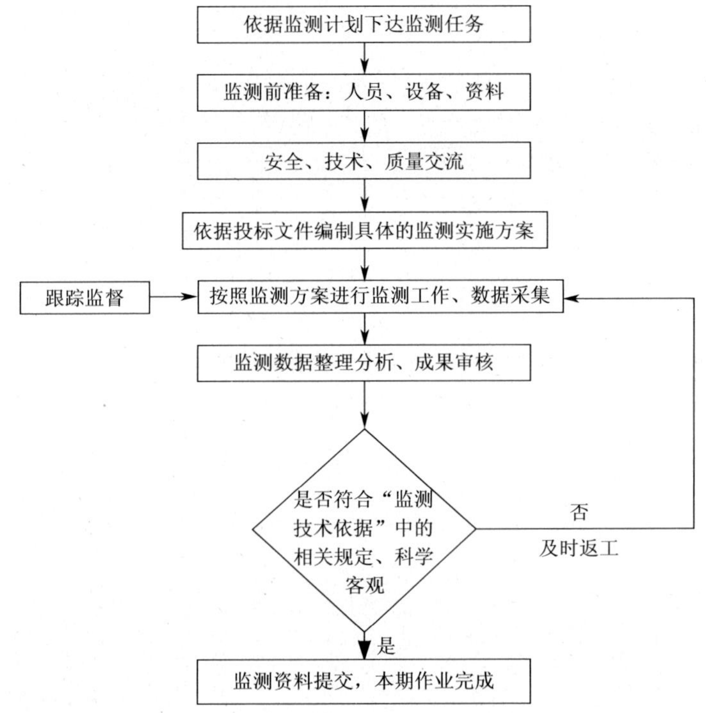

图 6-11　监测作业程序流程图

(7)施工期间监测单位应选派有经验的工程师进行现场巡视检查，发现异常情况应及时报告参建各方。

(8)监测期间应及时整理所测数据，数据处理应当日完成。发现异常数据，应及时重测，并分析异常原因，如确认是施工中出现的问题，要立即通知参建各方，共同提出可行的处理方案。

(9)应加强对操作人员的交底培训，增强其工作责任心。

(10)加强安全意识教育，进入工地时，所有监测人员应穿带反光衣、安全鞋和安全帽，确保安全。

6.5　监测数据分析

6.5.1　桩顶位移

桩顶位移包括桩顶水平位移和竖向位移，是由于土压力、水压力和流水压力等的不平衡力变化造成的，测试结果如图 6-12 和图 6-13 所示。

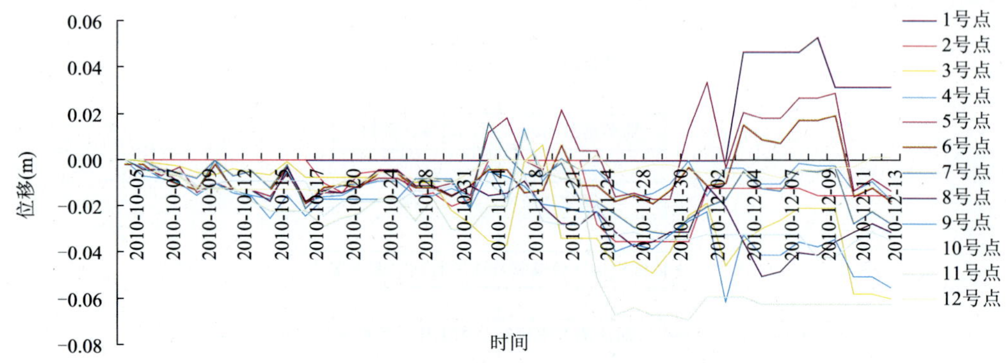

图 6-12 桩顶水平位移时程曲线

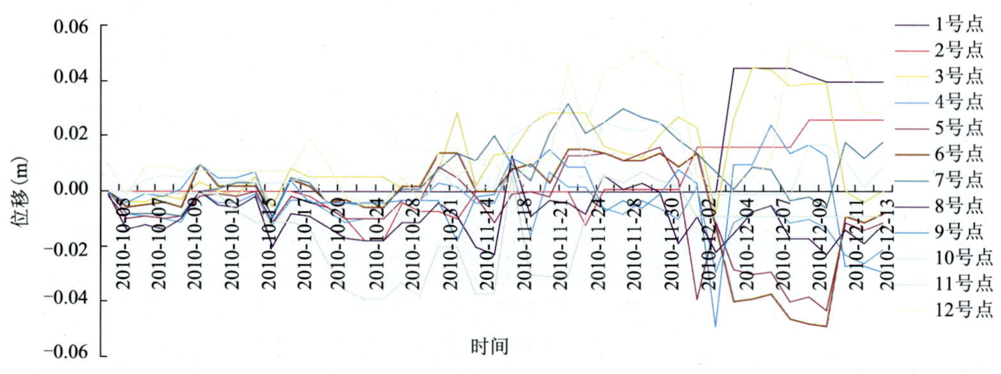

图 6-13 桩顶竖向位移时程曲线

从测试的位移时程曲线看，前期施工抽水量较少，围堰内水位下降不大，内外水土压力差值小，桩顶变形也很小；到了后期抽水开挖深度增大，堰内外水土压力差较大，桩顶位移变化较大。桩顶水平位移最大值为 62 mm，略大于预警值 60 mm，超过预警值 3.3%，测试值的变化处于误差范围之内；桩顶竖向位移最大值为 54 mm，小于预警值 60 m；测试结果显示围堰桩顶位移处于可控范围。

6.5.2 桩身变形

根据现场情况共布置了 1、2、3 号共 3 个桩身变形测点，由于施工原因和地质条件的限制，预留 1、2、3 号测点测斜管埋深在桩顶以下 24 m，并没有到桩底 30 m 的位置。1、2、3 号桩身变形测点不同测试深度处相对位移随时间变化情况如图 6-14～图 6-16 所示。

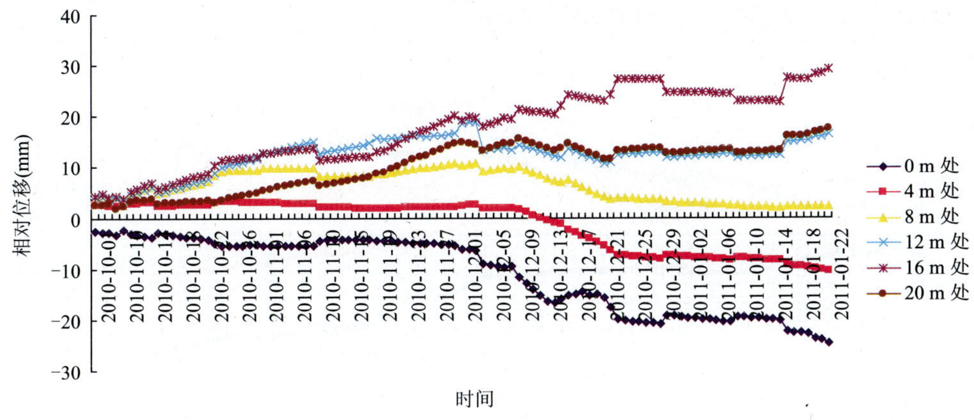

图 6-14 桩身位移 1 号测点各深度相对位移时程曲线

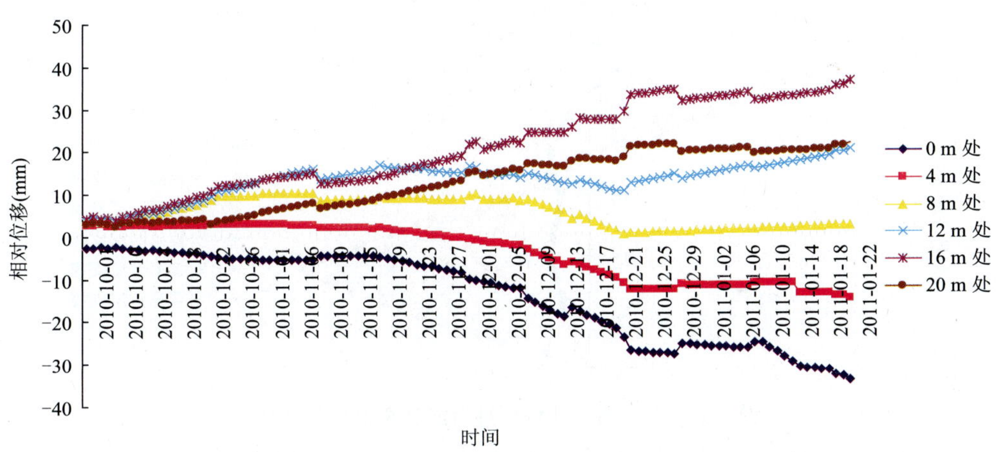

图 6-15 桩身位移 2 号测点各深度相对位移时程曲线

由于堰内外水位差的不同和河道水面高程时时处于变化之中，钢板桩沿深度各点处因受力不同，使得其变形也随之处于变化中，不过这些位移都在预警值范围之内。

改变数据处理形式，对每个测点的桩身变形随工况的变化情况进行整理并绘制图表，1、2 和 3 号测点处不同深度钢板桩桩身位移相对值随工况的变化曲线分别如图 6-17～图 6-19 所示。

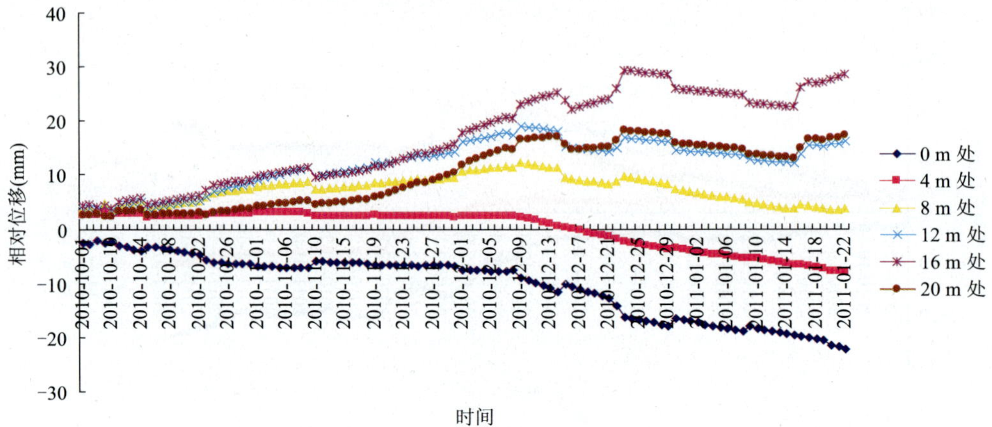

图 6-16　桩身位移 3 号测点各深度相对位移时程曲线

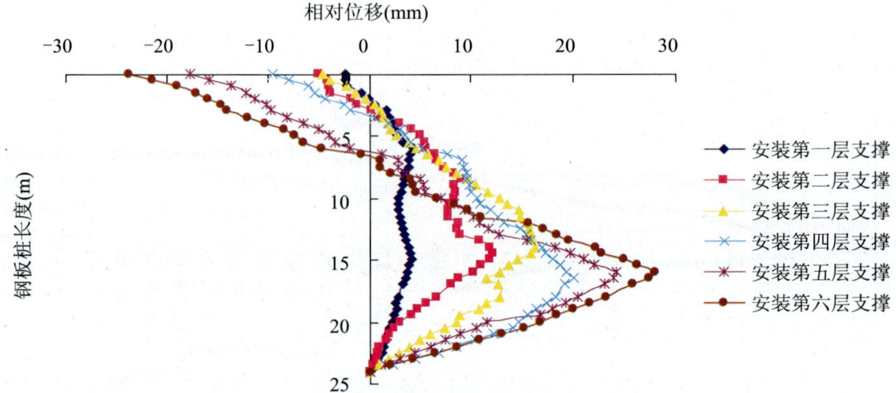

图 6-17　1 号测点处钢板桩沿深度相对位移变化

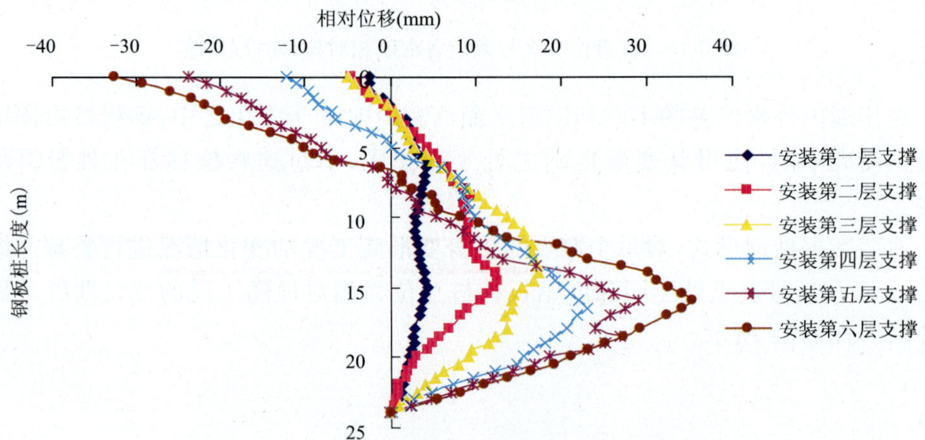

图 6-18　2 号测点处钢板桩沿深度相对位移变化

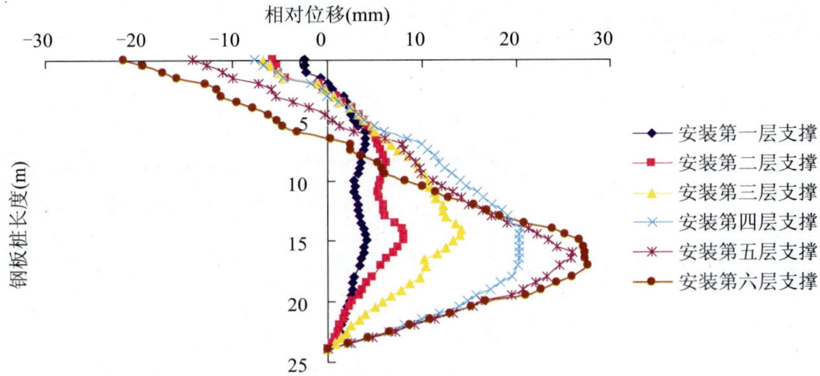

图 6-19 3 号测点处钢板桩沿深度相对位移变化

由以上桩身变形可知，在钢板桩围堰的施工过程中，2 号测点的钢板桩相对变形最大，历史最大相对变形为 35.26 mm，位于钢板桩顶以下 16.0 m 处。主要是由于 2 号测点位于靠近颍河北大堤的钢板桩上，河床面高程较其他位置要高，施工过程中土压力差较大。3 号测点的最大桩身相对变形为 27.31 mm，位于钢板桩顶以下 16 m 处，变形曲线显示 15～19 m 深度处产生的向内侧变形较大，间接地反映了围堰的内外压力差。1 号测点的最大桩身相对变形为 28.02 mm，位于钢板桩顶以下 16 m 处，变形曲线显示 14～18 m 深度处产生的向内侧变形较大。1 号测点的最大桩身相对变形大于 3 号测点的最大桩身相对变形，应该是受到流水压力影响的缘故。

从 1、2 和 3 号监测点桩身变形的相对位移可见，该钢板桩的桩身相对变形均小于预警值 85 mm 的规定，满足预警值要求。

6.5.3 支撑轴力

各层内支撑轴力变化曲线分别如图 6-20～图 6-24 所示。1 号内支撑(垂直于围堰长边方向的中间支撑)和 2 号内支撑(垂直于围堰短边的中间支撑)的位置如图 6-8 所示。

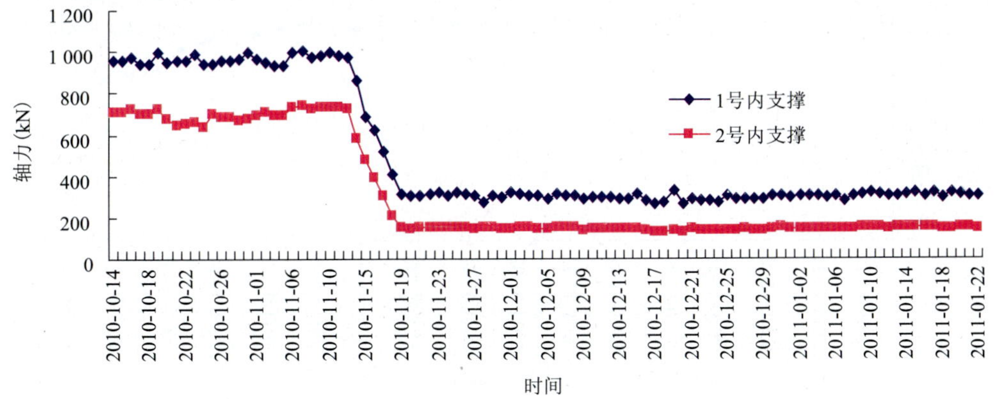

图 6-20 第二层内支撑轴力变化曲线

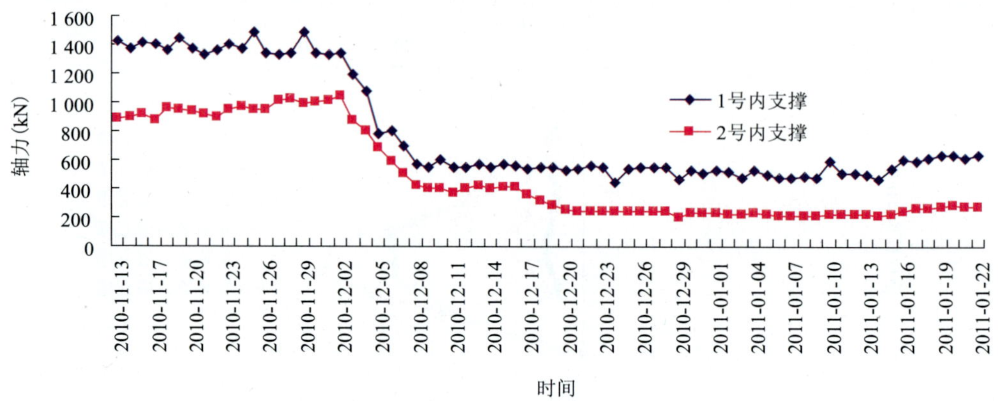

图 6-21　第三层内支撑轴力变化曲线

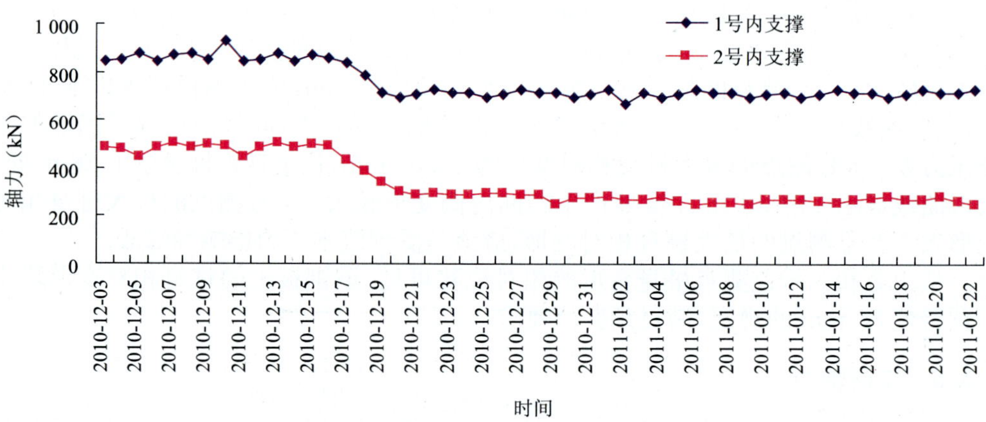

图 6-22　第四层内支撑轴力变化曲线

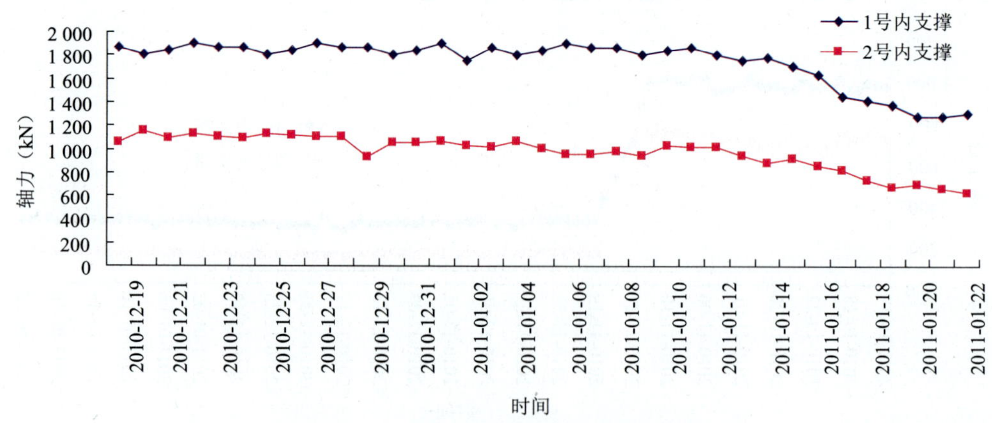

图 6-23　第五层内支撑轴力变化曲线

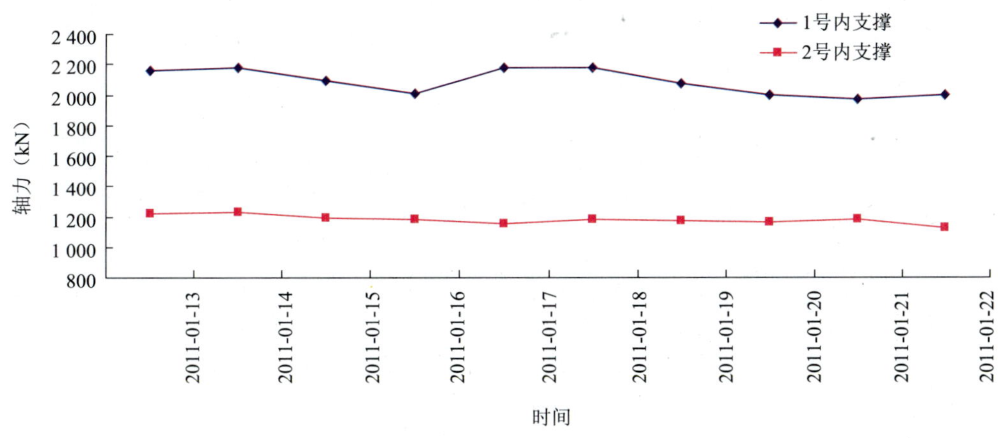

图 6-24 第六层内支撑轴力变化曲线

支撑轴力测试结果最大为 2186.22 kN，轴力较大，但仍然没有超过预警值，说明内支撑的设计是合理的。通过对比分析发现支撑轴力最大的点出现在第六层内支撑上，也是钢板桩受力最大的时刻，此时应当加大监测密度，确保施工安全进行。

6.5.4 桩侧土压力

施工过程中，在内外压力差的作用下，围堰发生变形，导致作用在钢板桩上的内外土压力发生变化。同时，由于围堰的存在使得水流的局部发生变化，对围堰附近的河床产生了冲刷，围堰受到的土压力相应改变。为了防止冲刷，在围堰附近投放内装黏土的编织袋，围堰的受力在投放内装黏土的编织袋前后也会发生改变。为了更好地掌握围堰的受力情况，应对围堰受到的土压力进行监测。钢板桩围堰受到外侧土压力变化情况如图 6-25 所示；钢板桩围堰受到内侧土压力变化情况如图 6-26 所示。

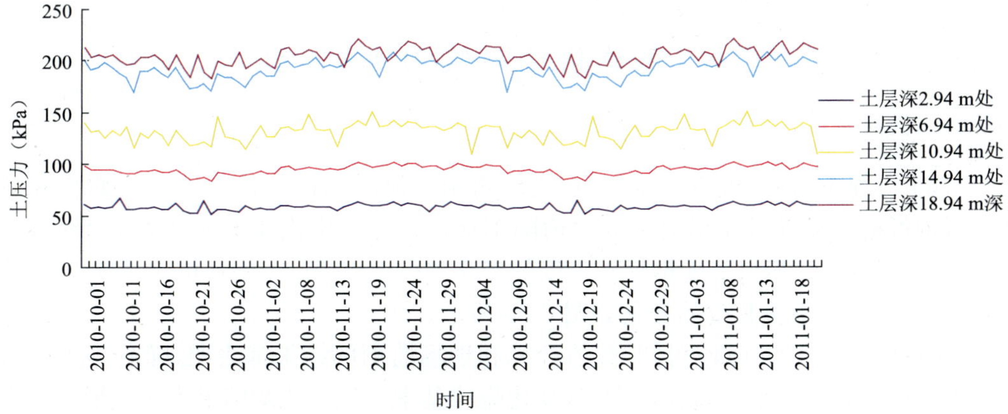

图 6-25 钢板桩围堰外侧受到的土压力变化图

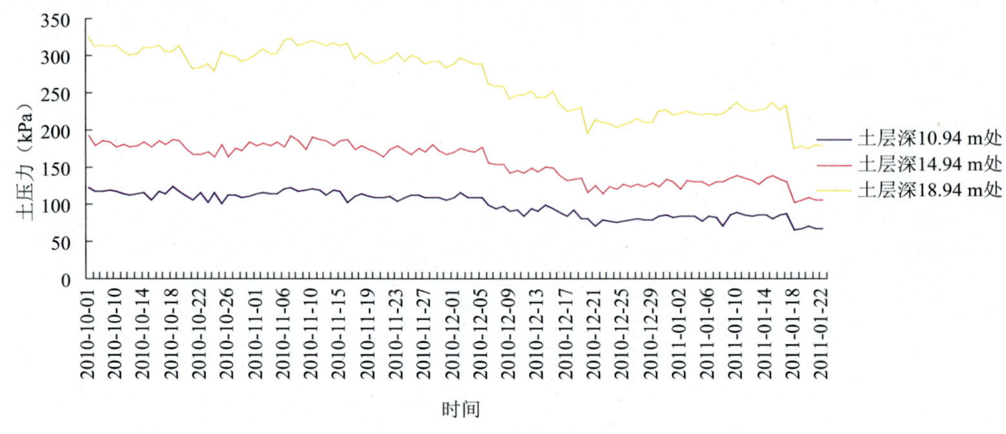

图 6-26　钢板桩围堰内侧受到的土压力变化图

总体来说，测试的土压力数值与土力学计算数值相比较小，大概是理论值的50％～70％左右，其原因在于以下方面：

(1)两者支挡结构后侧土体变形及压力变化历史不同：土力学考虑的土压力多为填土，在自重作用下的正常固结问题；而钢板桩围堰基坑的地层受应力历史的影响，水平土压力参数差异较大。

(2)土力学中的土压力理论(朗肯土压力理论)没有考虑墙与土之间的摩擦，而实际是有摩擦的，有时还较大，对土压力的结果也会产生影响。

(3)土力学的土压力理论是平面问题，而基坑往往是空间问题，空间问题的空间制约效应明显。

(4)由于在土压力盒打入的过程中，对土体产生了一定的扰动，土体对压力盒压得不紧，土压力传递效率低，所以测得土压力是偏小的。

6.6　数值模拟与监测结果对比

6.6.1　桩身变形

六个工况下，钢板桩 X 方向中心线监测相对值随钢板桩长度的变化如图 6-27 所示；钢板桩 X 方向中心线计算相对值随钢板桩长度的变化如图 6-28 所示；钢板桩 Z 方向中心线监测相对值随钢板桩长度的变化如图 6-29 所示；钢板桩 Z 方向中心线计算相对值随钢板桩长度的变化如图 6-30 所示。

比较图 6-27～图 6-30 可知，数值计算和现场监测的结果都表明，随着施工的进行，钢板桩的相对变形一直在增大，其变化规律基本一致。监测结果表明变形的最大值在钢板桩桩顶以下 16 m 左右，计算结果表明变形的最大值在钢板桩桩顶以下

17 m处;并且垂直于钢板桩长边的最大变形要大于垂直于钢板桩短边的最大变形。垂直于钢板桩长边的最大变形计算值比监测值大 10.9%;垂直于钢板桩短边的最大变形计算值比监测值大 28.0%。

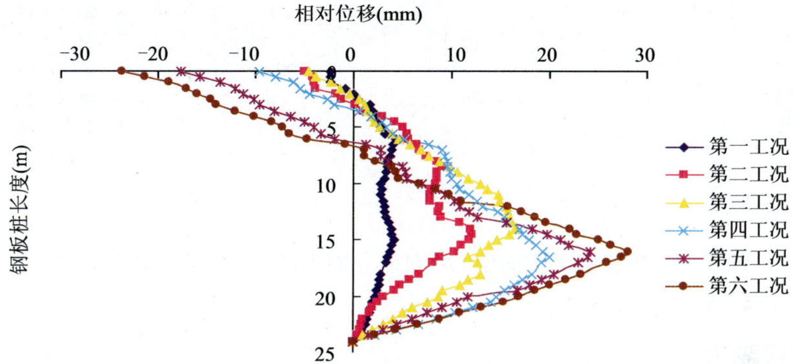

图 6-27 钢板桩 X 方向中心线监测相对值随钢板桩长度的变化图

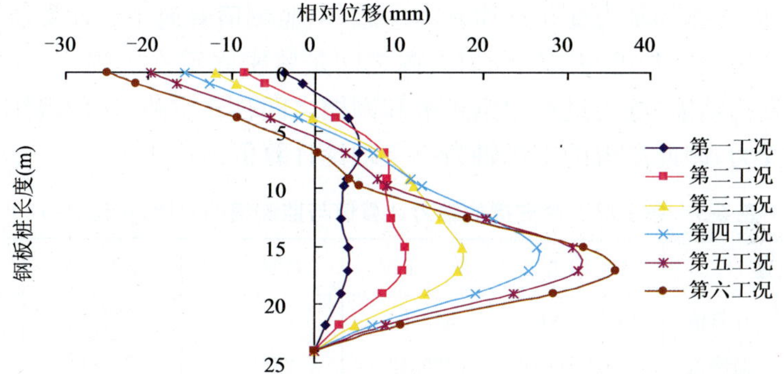

图 6-28 钢板桩 X 方向中心线计算相对值随钢板桩长度的变化图

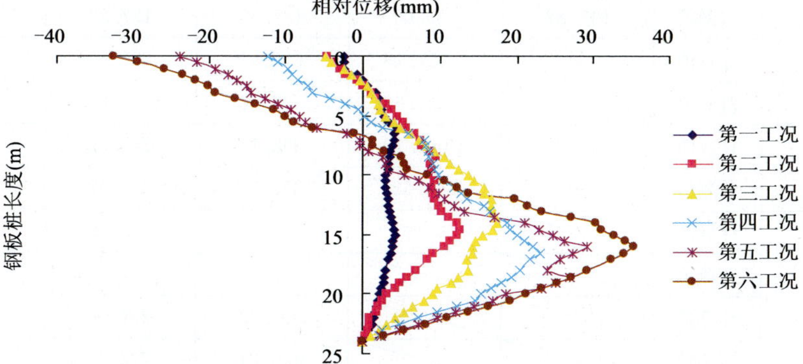

图 6-29 钢板桩 Z 方向中心线监测相对值随钢板桩长度的变化图

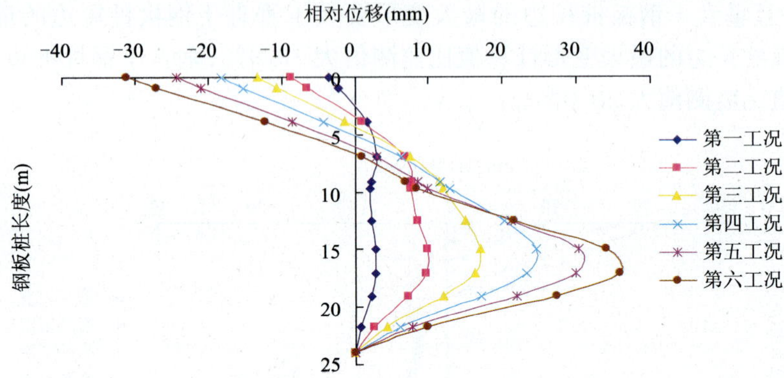

图 6-30 钢板桩 Z 方向中心线计算相对值随钢板桩长度的变化图

6.6.2 支撑轴力

各个工况下，钢板桩围堰内支撑的轴力计算值与监测值对比如表 6-3 所示。通过对比可知，内支撑的轴力变化规律基本一致，但监测值普遍小于计算值。原因可能在于理论计算假定钢板桩与围檩和内支撑之间是紧密固定连接的，在内外压力差的作用下迅速发挥功能；施工过程中钢板桩和围檩之间存在空隙，在荷载作用下相互压紧以后才会受力，因此测得的支撑轴力小于理论计算值。

表 6-3 各工况下内支撑的轴力计算值与监测值的对比（单位：kN）

测点位置			第二工况	第三工况	第四工况	第五工况	第六工况
第二层内支撑	①	计算值	1 085.94	349.94	301.36	272.62	305.04
		监测值	912.53	285.43	282.58	261.17	288.28
	②	计算值	710.44	138.92	178.76	105.74	122.90
		监测值	611.82	139.05	137.66	127.23	140.44
第三层内支撑	①	计算值		1 527.18	618.94	571.60	619.58
		监测值		1 332.58	527.56	517.32	582.63
	②	计算值		1 003.10	398.14	256.82	297.00
		监测值		875.63	386.54	227.42	260.07
第四层内支撑	①	计算值			832.30	773.26	762.40
		监测值			812.45	672.52	659.20
	②	计算值			494.20	287.96	284.12
		监测值			445.84	272.91	259.40

续上表

测点位置			第二工况	第三工况	第四工况	第五工况	第六工况
第五层内支撑	①	计算值				2 064.80	1 306.70
		监测值				1 761.99	1 196.86
	②	计算值				1 285.66	728.26
		监测值				1 042.5	653.677
第六层内支撑	①	计算值					2 260.60
		监测值					1 930.49
	②	计算值					1 431.02
		监测值					1 123.22

6.6.3　桩侧土压力

各工况下，通过计算得到的外侧土压力与监测得到的外侧土压力对比如图 6-31 所示，计算得到的内侧土压力与监测得到的内侧土压力对比如图 6-32 所示。

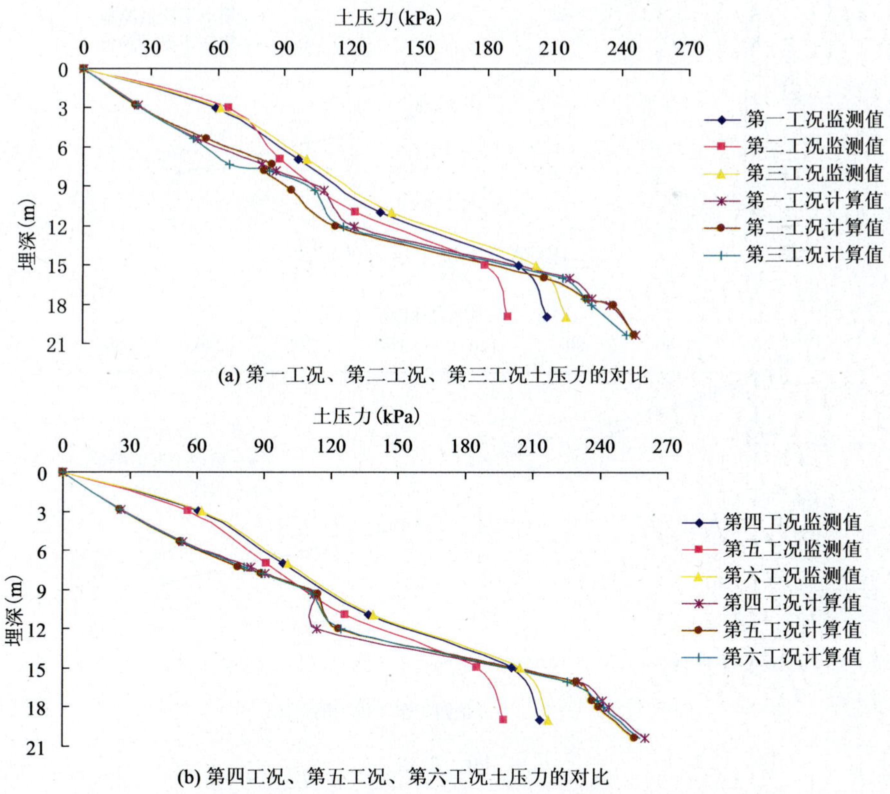

(a) 第一工况、第二工况、第三工况土压力的对比

(b) 第四工况、第五工况、第六工况土压力的对比

图 6-31　计算得到的外侧土压力与监测得到的外侧土压力对比图

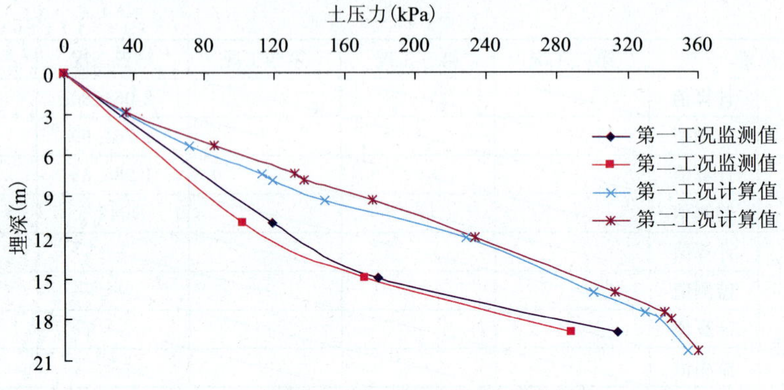

(a)第一工况、第二工况土压力的对比

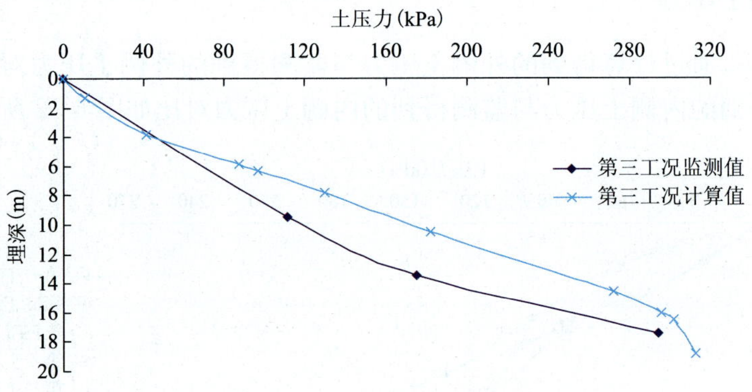

(b)第三工况土压力的对比

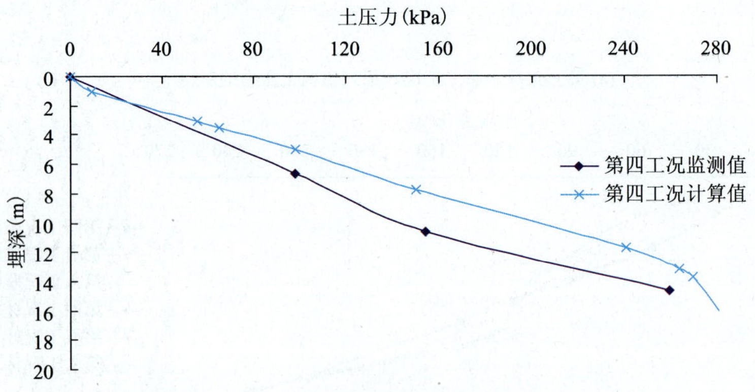

(c)第四工况土压力的对比

图　6-32

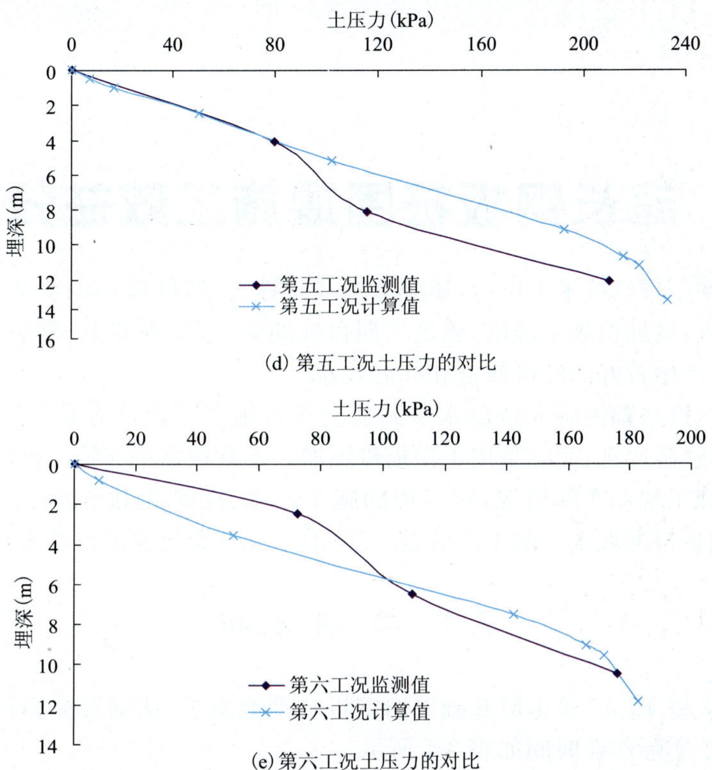

(d) 第五工况土压力的对比

(e) 第六工况土压力的对比

图 6-32　计算得到的内侧土压力与监测得到的内侧土压力对比图

通过对比图 6-31 和图 6-32 可知，计算得到的土压力与实测的土压力变化规律基本一致，在数值上也比较接近，这说明前面选择的计算模型和计算参数是合理的。通过分析监测值，可以评估土体的应力状态；从监测值与理论值的对比可知，实际土压力并没有达到被动状态或者主动状态。

6.7　小　　结

(1)通过对颍河特大桥钢板桩围堰的施工过程进行监测，准确地掌握了围堰在各种工况下的内力和位移变化情况，保证在围堰安全的情况下顺利施工；同时，通过现场监测，检验了施工工艺的效果和设计的合理性。

(2)桩身变形的测点应布置在矩形围堰四个边的中间位置，此处钢板桩桩身变形最大；内支撑轴力监测点位置应布置在轴力较大的地方，对于颍河特大桥钢板桩围堰应布置在内支撑的中间杆件上。

(3)理论计算结果和现场监测数据的变化规律基本一致，数量上也比较接近，表明理论分析时建立的分析模型合理，参数选取可靠。

7 超长钢板桩围堰施工效益分析

施工方案不仅应技术上可行，还应体现经济性合理，既减小深水基础施工难度、节约费用投入，又加快施工进度，满足工期目标的要求，实现安全、质量、进度和投资的均衡优化，产生较好的经济效益和社会效益。

新建阜六铁路颍河特大桥深水基础低桩承台施工原设计方案为双壁钢围堰方案，通过技术经济比选，实际采用了钢板桩围堰。本章根据颍河特大桥深水基础超长钢板桩围堰施工现场实际情况，对工程的施工进度、投资费用等进行了初步比较分析，对超长钢板桩围堰施工的工期效益、经济效益和社会效益进行初步探讨。

7.1 工期分析

颍河特大桥 46、47 号主墩基础采用钢板桩围堰施工，从钢板桩插打施工直到承台施工的整个实际作业时间如表 7-1 所示。

表 7-1 颍河特大桥钢板桩围堰施工时间统计

序号	工作内容	施工时间(d)		序号	工作内容	施工时间(d)	
		46 号墩	47 号墩			46 号墩	47 号墩
1	钢板桩插打	79	69	12	抽水及吸泥	3	11
2	第一层围檩安装	9	4	13	第五层围檩安装	4	3
3	第一层内支撑安装	0	3	14	第五层内支撑安装	4	4
4	第二层围檩安装	5	1	15	抽水及吸泥	18	2
5	第二层内支撑安装	5	5	16	第六层围檩安装	3	2
6	抽水	1	4	17	第六层内支撑安装	4	3
7	第三层围檩安装	2	2	18	抽水及吸泥	3	2
8	第三层内支撑安装	3	5	19	封底混凝土施工	1	4
9	抽水及吸泥	6	4	20	承台施工	28	12
10	第四层围檩安装	2	3	21	合计	186	147
11	第四层内支撑安装	6	4				

注：46 号墩第一层内支撑安装时间为 0，实际上是与第二层围檩安装同步进行，没有单独占用时间。

淮河特大桥 37、38 号共计 2 个水中主墩均采用双壁钢围堰施工，实际施工时间列于表 7-2 中。

表 7-2 淮河特大桥双壁钢围堰施工时间统计

序号	施工部位	工序	施工时间(d)	
			37 号墩	38 号墩
1	钢围堰制作	围堰加工	31	35
2	钢围堰第一层	焊接、拼装、加固	6	5
3		下沉	1	1
4	钢围堰第二层	焊接、拼装、加固	6	6
5		下沉	2	2
6	钢围堰第三层	焊接、拼装、加固	5	5
7		下沉	11	11
8	钢围堰第四层	焊接、拼装、加固	7	8
9		灌注配重混凝土	3	3
10		吸泥下沉	25	32
11	钢围堰第五层	焊接、拼装、加固	6	7
12		灌注配重混凝土	1	1
13		吸泥下沉	35	38
14	封底	灌注封底混凝土	1	2
15	桩基	割钢护筒、破桩头	25	23
16	墩台	承台及墩身施工	25	25
17	合计	合计	190	204

注：淮河特大桥 37、38 号主墩内径 22 m、外径 24.4 m、高 24 m，分为 5 节施工。

在工期对比分析过程中，对于同一个桥梁深水基础，在围堰拆除之前的承台、墩身和墩帽，以及连续梁的 0 号和 1 号块施工占用相同的工期，在工期比较时可不计入。颍河特大桥深水基础采用先桩后堰法施工，为了方便对比分析，对围堰施工工期作以下规定：(1)钢板桩加工和插打施工可以在钻孔灌注桩施工期间同步进行，不占用工期。钢板桩围堰施工工期是从施作内支撑、抽水吸泥、基底和桩头处理、垫层混凝土施工，直至承台施工之前的一段时间。(2)双壁钢围堰加工制作也可以安排在钻孔灌注桩施工期间进行，不影响工期。双壁钢围堰的施工工期计算从其浮运拼装、吸泥下沉、着床就位、封底混凝土施工、桩头处理，直至承台施工之前的一段时间。

下面分别根据颍河特大桥钢板桩围堰和淮河特大桥双壁钢围堰的实际施工时间，分析颍河特大桥采用钢板桩围堰施工深水基础的工期效益。

从表 7-1 可知，在采用先桩后堰法施工时，如果考虑钢板桩插打施工与钻孔灌注桩施工同步进行，围堰内支撑施工到施作承台之前的时间分别是 79 d 和 66 d，平均 72 d。

由表 7-2 可知，内径 22 m、外径 24.4 m、高度 24 m 的双壁钢围堰焊接拼装、吸泥下沉分别耗时 134 d 和 144 d，平均 139 d。考虑到颍河特大桥采用双壁钢围堰施工，钢围堰的内径达到 33 m、外径为 35.4 m、高度达到 20 m，其规模远远大于淮河特大桥双壁钢围堰，施工难度将会有所加大。由于颍河特大桥承台底面以下为硬塑粉质黏土层，水下吸泥开挖困难，吸泥开挖时间难以估计，以淮河特大桥施工工期为例，至少需要 139 d 的时间。

颍河特大桥深水基础施工采用钢板桩围堰方案，施工工期平均比双壁钢围堰缩短时间 67 d，有较好的工期效益。

7.2 经济分析

工程建设的单项费用主要是由工、料、机等分项费用组成，依据不同施工方案，计算颍河特大桥深水基础采用钢板桩围堰或者双壁钢围堰所需要的费用，从而分析钢板桩围堰施工深水基础的经济情况。其中，钢板桩和支撑钢材等可回收重复利用，其费用根据 2010 年第一季度的当地实际购买价格，按照一定的比例折减计算；桥涵工程定额采用《铁路桥涵工程预算定额》铁建设〔2005〕15 号文；基期施工机械使用费以铁道部铁建设〔2006〕129 号发布的《铁路工程施工机械台班费用定额(2005 年度)》为计算依据，燃料价格采用 2008 年一季度信息价格调差；基期材料费以铁道部铁建设〔2006〕129 号文发布的《铁路工程建设材料基期价格(2005 年度)》为计算依据，材料价格按 2010 年第一季度市场价；人工单价根据《铁路基本建设工程设计概预算编制办法》(铁建设〔2006〕113 号文)及“铁建设〔2008〕26 号文”规定；辅助材料的价差按《关于发布铁路工程建设 2007 年度辅助材料价差系数的通知》(铁建设函〔2008〕105 号文)的价差系数调整；运杂费根据现场调查情况及施工组织设计确定合理运距及“铁建设〔2006〕113 号文”有关规定；施工措施费按“铁建设〔2006〕113 号文”及《关于执行〈高危行业企业安全生产费用财务管理暂行办法〉有关问题的通知》(铁建设〔2007〕139 号)的规定计算。以下计算考虑颍河特大桥 46、47 号主墩共计 2 个深水基础围堰的施工费用。

7.2.1 钢板桩围堰施工深水基础投资费用

颍河特大桥深水基础钢板桩围堰设计为矩形，平面尺寸为 28.0 m×22.4 m，拉森Ⅳ型钢板桩长度为 30.0 m，其工程量如表 7-3 所示，施工实际发生的投资费用为

1 911.709 4万元，具体组成如表 7-4 所示。

表 7-3　颍河特大桥主墩钢板桩围堰工程量统计表

项　目		材料规格	单位	46 号墩	47 号墩	合计	备注
钢板桩打拔作业平台		9 m 宽平台	m^2	945.00	945.00	1 890.00	
钢围堰	钢板桩	拉森Ⅳ	t	579.90	579.90	1 159.80	$L=30$ m
		I32a 工字钢加强	t	80.35	80.35	160.70	内侧加强
	内支撑	钢围檩 H40c 型钢	t	442.50	442.50	885.00	
		斜支撑 I32a 工字钢	t	20.84	20.84	41.68	
		∠160×100	t	32.76	32.76	65.52	
		□20 mm 厚钢板	t	1.96	1.96	3.93	
		□20 mm 厚加劲板	t	9.53	9.53	19.06	
		栏杆 45 圆管	t	1.47	1.47	2.94	
		槽钢 20a	t	7.86	7.86	15.72	
		导向架	t	21.25	21.25	42.50	
		合计	t	538.18	538.17	1 076.35	
其他	基底清理		m^2	627.20	627.20	1 254.40	
	抽水	抽弱水	m^3	11 038.00	11 038.00	22 076.00	
	吸泥		m^3	5 105.00	3 412.00	8 517.00	
	垫层	C20 混凝土	m^3	313.60	313.60	627.20	
	砂砾石回填		m^3	1 604.00	1 604.00	3 208.00	回填至承台顶

表 7-4　颍河特大桥主墩钢板桩围堰投资费用统计表

单价编号	工作项目或费用名称	单位	数量	费用(元)	
				单价	合价
QY－73	钢板桩钢围堰基底清理	10 m^2	125.44	3 557.57	446 262
QY－72	吸泥取土	100 m^3	85.17	17 800.04	1 516 028
QY－75 参	钢板桩围堰内垫层 C20	10 m^3	62.72	2 510.99	157 490
QY－192	钢板桩工作平台 钻机≤200 kN·m	100 m^2	18.9	188 286.5	3 558 616
QY－80	钢围堰(含沉井)内抽水	100 m^3	220.76	100.04	22 084
LY－368	砂砾石回填	10 m^3	320.8	232.74	74 662
QY－57 参	打钢板桩 水中平台	t	1 159.8	885.58	1 027 098
QY－60 参	拔钢板桩 水中平台	t	1 159.8	241.27	279 826
QY－64 * 1.67 参	钢板桩每季度使用费	t	1 159.8	1 597.54	1 852 826

续上表

单价编号	工作项目或费用名称	单位	数量	费用(元)	
				单价	合价
QY—65	钢板桩 132a 工字钢加强	t	160.7	3 596.96	578 032
QY—65	钢围堰	t	1 076.36	3 596.96	3 871 626
	人工费	元			18 68 313
	材料费	元			5 338 806
	机械使用费	元			6 177 431
	一、定额直接工程费	元			13 384 550
	运杂费(按材料重量计算)	t	9 397.76	14.005	131 612
	二、运杂费	元			131 612
	调查价差	元			1 415 172
	系数价差	元	582 034	0.142	82 649
	水价差	元	206.34	0.87	180
	机械台班差	元			741 278
	三、价差合计	元			2 239 279
	直接工程费	元			15 755 441
	五、施工措施费	%	8 045 744	10.28	827 102
	直接费	元			16 582 543
	七、间接费	%	8 045 744	23.8	1 914 887
	八、税金	%	18 497 430	3.35	619 664
	九、单项预算价值	元			19 117 094

7.2.2 双壁钢围堰施工深水基础投资费用

若采用双壁钢围堰施工，根据颍河特大桥承台的平面尺寸和底面高程，设计成圆形结构受力较为合理，其内径将达到 33 m，考虑到双壁钢围堰的壁厚不小于 1.2 m，钢围堰的外径将达到 35.4 m。钢围堰的刃脚到承台底面为 3 m 厚的封底混凝土，则钢围堰的高度为 20 m(到承台底 17 m)，其工程量如表 7-5 所示。参考淮河特大桥深水基础双壁钢围堰施工实际发生的投资费用，可估算颍河特大桥深水基础采用双壁钢围堰所需要的投资费用合计为 2 365.657 8 万元，具体组成如表 7-6 所示。

表 7-5 颍河特大桥主墩双壁钢围堰施工工程量表

序号	项目	单位	46 号墩工程量	47 号墩工程量	合计
1	钢围堰	t	480.6	519.24	999.84
2	吸泥	m^3	10 614	7 611	18 225
3	抽水	m^3	9 589	9 589	19 178

续上表

序号	项目	单位	46 号墩工程量	47 号墩工程量	合计
4	C20 混凝土封底	m^3	3 419.46	3 419.46	6 838.92
5	C20 混凝土壁内填充	m^3	500	500	1 000
6	基底清理	m^2	983.5	983.5	1 967

表 7-6 颍河特大桥主墩双壁钢围堰投资费用估算表

单价编号	工作项目或费用名称	单位	数量	费用(元)	
				单价	合价
QY—67	双壁钢围堰拼装	t	999.84	6 790.51	6 789 423
QY—70	双壁钢围堰、钢沉井底节及钢围笼浮运、定位、下水	t	999.84	1 864.11	1 863 811
QY—69	下沉设备制安拆	1 个墩	2	105 396.99	210 793
QY—71	双壁钢围堰下沉 水中	100 m^3	211.24	7 789.89	1 645 536
QY—73	双壁钢围堰基底清理	10 m^2	196.7	3 557.57	699 775
QY—80	钢围堰(含沉井)内抽水	100 m^3	191.78	100.04	19 186
QY—72	双壁钢围堰下沉 覆盖层吸泥	100 m^3	182.25	17 800.04	3 244 057
QY—75	双壁钢围堰(浮运钢沉井)壁内填充及封底混凝土 C20	10 m^3	783.892	2 370.52	1 858 231
QY—79	钢围堰拆除	t	399.936	1 399.54	559 726
QY—68	拼装船组拼拆除	次	1	57 329.29	57 329
	人工费	元			1 582 608
	材料费	元			5 738 217
	机械使用费	元			9 627 042
	一、定额直接工程费	元			16 947 867
	运杂费(按材料重量计算)	t	19 392.05	14.361	278 486
	二、运杂费	元			278 486
	调查价差	元			734 401
	系数价差	元	189 472	0.142	26 905
	水价差	元	2 743.62	0.87	2 387
	机械台班差	元			1 079 476
	三、价差合计	元			1 843 169
	直接工程费	元			19 069 522
	五、施工措施费	%	11 209 650	10.28	1 152 352
	直接费	元			20 221 874
	七、间接费	%	11 209 650	23.8	2 667 897

续上表

单价编号	工作项目或费用名称	单位	数量	费用(元)	
				单价	合价
	八、税金	%	22 889 771	3.35	766 807
	九、单项预算价值	元			23 656 578

7.2.3 经济效益分析

通过以上计算分析可知，颍河特大桥 2 个主墩深水基础采用钢板桩围堰施工，比采用双壁钢围堰施工，可节省直接投资达 454 万元，节省率达到 19%，创造了可观的经济效益。如果再考虑节省工期所节约的人工、办公、交通、食宿等管理费用和其他效益，其经济效益则更为显著。

7.3 社会效益

钢板桩围堰施工速度较快、效率较高，在颍河特大桥施工中有效保证了工期目标；同时，由于钢板桩围堰节约投资，具有良好的经济效益；这些都为开挖深度超过 10 m 的深水基础超长钢板桩围堰的推广应用奠定了基础。

桥梁深水基础采用钢板桩围堰在施工结束以后，钢板桩、围檩和内支撑均可回收重复利用；而双壁钢围堰的大部分埋在河床里，不能切割回收利用。可见，钢板桩围堰可大大节省钢材的使用量，体现出环境保护和节能减排的优点，符合科学发展与可持续发展的要求。

另外，根据《阜六铁路颍河特大桥工程防洪评价报告》的成果，为了最大限度地降低建桥对河道行洪及排涝能力的影响，建议采取断面补偿措施，补偿建议方案为对河槽断面实施开挖。如果采用双壁钢围堰，由于河床面以下部分不能切割回收，势必影响到以后断面补偿施工的河槽开挖；而钢板桩围堰在施工完成以后，可以拔出钢板桩等所有临时结构的材料，不会影响今后的切滩施工，对颍河的防洪工程也是有利的。

7.4 小　　结

考虑到钢板桩插打施工可与钻孔灌注桩施工同步进行，颍河特大桥深水基础采用超长钢板桩围堰施工，相比于双壁钢围堰方案，可以节省工期 67 d，节约直接投资费用达 454 万元，且钢板桩、围檩和内支撑均可回收重复利用，显著节省了钢材的使用量，符合科学发展和可持续发展的要求，产生较显著的经济和社会效益。

参考文献

[1] 沈养中，李桐栋．工程结构有限元计算[M]．北京：科学出版社，2001.

[2] 陈伟，李明．桥梁施工临时结构设计[M]．北京：中国铁道出版社，2002.

[3] 聂武，刘玉秋．海洋工程结构动力分析[M]．哈尔滨：哈尔滨工程大学出版社，2002.

[4] 刘自明，王邦楣，陈开利．桥梁深水基础[M]．北京：人民交通出版社，2003.

[5] 杨文渊，徐犇．桥梁施工工程师手册[M]．北京：人民交通出版社，2003.

[6] 王勖成．有限单元法[M]．北京：清华大学出版社，2003.

[7] 殷万寿．深水基础工程[M]．第 2 版．北京：中国铁道出版社，2003.

[8] 牟在根．钢结构设计与原理[M]．北京：人民交通出版社，2004.

[9] 屈钧利，韩江水．工程结构的有限元法[M]．西安：西北工业大学出版社，2004.

[10] 范立础．桥梁工程[M]．北京：人民交通出版社，2004.

[11] 欧阳效勇，任回兴，徐伟．桥梁深水桩基础施工关键技术[M]．北京：人民交通出版社，2006.

[12] 丁科，陈月顺．有限单元法[M]．北京：北京大学出版社，2006.

[13] 张鸿，刘先鹏．特大型桥梁深水高桩承台基础施工技术[M]．北京：中国建筑工业出版社，2006.

[14] 覃杰．新光大桥关键施工技术[M]．重庆:重庆大学出版社，2009.

[15] 张自荣，薛进．宽阔水域特大桥基础施工监理技术[M]．成都：西南交通大学出版社，2009.

[16] [中国]欧领特．钢板桩工程手册[M]．北京：人民交通出版社，2011.

[17] 龚曙光．ANSYS 工程应用实例解析[M]．北京：机械工业出版社，2003.

[18] 郝文化．ANSYS 土木工程应用实例[M]．北京：中国水利水电出版社，2005.

[19] 李黎明．ANSYS 有限元分析实用教程[M]．北京：清华大学出版社，2005.

[20] 中华人民共和国交通部．JTJ 213—98 海港水文规范[S]．北京：人民交通出版社，1998.

[21] 中华人民共和国交通部．JTJ 215—98 港口工程荷载规范[S]．北京：人民交通出版社，1998.

[22] 中国建筑科学研究院．JGJ 120－1999 建筑基坑支护技术规程[S]．北京：中国建筑工业出版社，1999.

[23] 中华人民共和国住房和城乡建设部．GB 50010－2002 混凝土结构设计规范[S]．北京：中国建筑工业出版社，2002.

[24] 中铁三局集团有限公司．TB 10203—2002 铁路桥涵施工规范[S]．北京：中国铁道出版社，2002.

[25] 中华人民共和国住房和城乡建设部. GB 50017－2003 钢结构设计规范[S]. 北京：中国计划出版社，2003.

[26] 中华人民共和国交通部 . JTG D60—2004 公路桥涵设计通用规范[S]. 北京：人民交通出版社,2004.

[27] 铁道第三勘察设计院 . TB 10002.1—2005 铁路桥涵设计基本规范[S]. 北京：中国铁道出版社,2005.

[28] 中铁大桥勘测设计院有限公司 . TB 10002.2—2005 铁路桥梁钢结构设计规范[S]. 北京：中国铁道出版社,2005.

[29] 中华人民共和国水利部. GB/T 50145－2007 土的工程分类标准[S]. 北京：中国计划出版社，2008.

[30] 程建华 . 钢吊箱围堰施工技术研究[D]. 武汉：华中科技大学，2005.

[31] 李云飞 . 阿蓬江大桥深水基础双壁钢围堰施工技术研究[D]. 成都：西南交通大学，2006.

[32] 刘杰文 . 大型钢吊箱围堰整体浮运锚墩定位施工技术研究[D]. 成都：西南交通大学，2006.

[33] 张红心 . 大型钢吊箱围堰整体浮运锚墩定位施工技术[D]. 长沙：中南大学，2007.

[34] 丁仕洪 . 钢围堰非线性有限元分析与 Marc 二次开发[D]. 合肥：合肥工业大学，2007.

[35] 张佳春 . 采用深水基础的大跨连续刚构桥地震反应分析[D]. 成都：西南交通大学，2007.

[36] 崔林钊 . 合淮阜高速公路淮河特大桥深水基础围堰设计与施工技术应用研究[D]. 合肥：合肥工业大学，2007.

[37] 张喜胜 . 深水桥梁基础薄壁混凝土防水围堰研究与应用[D]. 石家庄：石家庄铁道大学，2007.

[38] 王桂鹏 . 钢吊箱围堰的计算与试验研究[D]. 天津：天津大学，2008.

[39] 马金池 . 桥梁深水基础施工围堰的应用研究[D]. 石家庄：石家庄铁道大学，2008.

[40] 黄鸿祺 . 深水墩钢吊箱围堰施工过程有限元分析[D]. 上海：同济大学，2008.

[41] 贺伟莲 . 大型桥梁深水基础选型研究[D]. 上海：同济大学，2008.

[42] 黄建 . 钢板桩围堰体系静、动受力变形特性数值分析[D]. 大连：大连理工大学，2008.

[43] 李维洲 . 跨海大桥大型深水基础施工技术研究[D]. 西安：长安大学，2008.

[44] 黄剑飞 . 单双壁组合型钢围堰结构在桥梁深水基础施工中的应用[D]. 上海：上海交通大学，2009.

[45] 陶锴，张翔 . 番禺大桥钢板桩围堰的技术特点[J]. 华东公路，1999，117(2)：9-11.

[46] 刘幼如，王振镛 . 海岸工程使用钢板桩作水工建筑物主体的探讨[J]. 水运工程，2001，35(12)：21-23.

[47] 薛政群，顾卫东 . 单层钢板桩深水围堰[J]. 公路，2003(3)：81-85.

[48] 蒋中明，徐卫亚 . 格构形复合抗滑钢板桩的阻滑机理研究[J]. 岩石力学与工程学报，2003，22(8)：1372-1376.

[49] 李光范 . 钢板桩地基基础的计算分析[J]. 暨南大学学报(自然科学版)，2005，26(1)：103-106.

[50] 邓潜．吴淞江大桥主墩钢板桩围堰设计与施工[J]．施工技术，2005(增刊)：224-226.

[51] 邱训兵．大型钢板桩围堰施工设计的思考[J]．铁道建筑，2005(9)：12-14.

[52] 龚明，赵永杰．钢板桩海上施打实践[J]．中国港湾建设，2005，39(5)：54-55.

[53] 于成雨．钢板桩围堰海上施工[J]．港工技术，2005，12(S1)：77-80.

[54] 任亮．广州新光大桥深水承台钢板桩围堰施工[J]．中外公路，2006，26(4)：94-98.

[55] 左光恒．钢板桩围堰的设计与施工[J]．西部探矿工程，2006(12)：51-52.

[56] 骆冠勇，曹洪，潘泓，等．新光大桥桥墩钢板桩围堰的优化设计与监测[J]．华南理工大学学报(自然科学版)，2006，34(2)：124-129.

[57] 谢祥明，刘庭金，莫海鸿．某围堰工程承台钢板桩围护结构三维有限元分析[J]．建筑结构，2007，37(6)：51-53.

[58] 罗万录．深水基础用钢板桩围堰计算分析[J]．铁道标准设计，2009(4)：74-77.

[59] 张国军．浍河特大桥钢板桩围堰的有限元分析[J]．国防交通工程与技术，2009(4)：48-51.

[60] 陈开桥．钢板桩围堰在滠水特大桥施工中的应用[J]．施工技术，2009，38(12)：239-242.

[61] 贺炜，李传习．考虑施工过程的深水钢板桩围堰有限元计算分析[J]．公路与汽运，2009(3)：160-163.

[62] 潘泓，曹洪，尹一鸣．广州猎德大桥钢板桩围堰的设计与监测[J]．岩石力学与工程学报，2009，28(11)：2242-2248.

[63] 侯永茂，王建华，顾倩燕．大跨度双排钢板桩围堰的变形特性分析[J]．上海交通大学学报，2009，43(10)：1577-1581.

[64] 崔春义，黄建，孙占琦，等．不同水位下钢板桩围堰工作性状有限元分析[J]．广西大学学报(自然科学版)，2010，35(1)：187-192.

[65] 罗建华，唐娴．深水基础钢板桩围堰三维仿真验算分析[J]．科技导报，2011，29(12)：62-66.